www.ingramcontent.com/pod-product-compliance
Lightning Source LLC
Chambersburg PA
CBHW061452210726
48287CB00007B/2470

شبِ رفتہ

مجید امجد

(بمطابق ۱۹۵۸ ایڈیشن)

غزل سرا ڈاٹ آرگ

Copyrights

Originally published in 1958, the contents of this book are in public domain and therefore are free to be published, reproduced, stored in a retrieval system, or transmitted in any form or by any means, electronic, mechanical, photocopying, recording, or otherwise.

Reproduction of this book with publisher name or logo, however is not permitted.

TITLE: Shab e Rafta
FORMAT: Paperback
AUTHOR: Majeed Amjad
PUBLISHED BY: GhazalSara Dot Org, LLC
PUBLISHED: July 2023
ISBN: 978-1-957756-85-1

CONTACT: ghazalsara.org@outlook.com

Scan this QR Code with your phone now!

Printed and bound in the U.S.A.

ترتیب

ظروفِ نَو

سفینۂ غزل

انتساب

صبحِ نَو کے نام

ہاں اسی گم صم اندھیرے میں ابھی
بیٹھ کر وہ راکھ چننی ہے ہمیں
راکھ، ان دنیاؤں کی، جو جل بجھیں
راکھ، جس میں لاکھ خونیں شبنمیں
زیست کی پلکوں سے ٹپ ٹپ پھوٹتی
جانے کب سے جذب ہوتی آئی ہیں
کتنی روحیں ان زمانوں کا خمیر
اپنے اشکوں میں سموتی آئی ہیں

حرفِ اوّل

کتنی چھناچھن ناچتی صدیاں
کتنے گھناگھن گھومتے عالم
کتنے مراحل—
جن کا مآل — اک سانس کی مہلت
سانس کی مہلت — عمرِ گریزاں —
جس کی لرزتی روشنیوں میں
جھلمل جھلمل
جھلکے اک مسحور مسافت!
حدِ نظر تک وسعتِ دوراں
جس کی خونیں سطح پہ تڑپے
طوق و سلاسل
میں جکڑی انسان کی قسمت
یہ اشکوں، آہوں کی دنیا
اس منڈلی میں پیہم دھڑکے
سازِ غم دل
پیہم باجے، دردِ کی نوبت
یہ جلتے لمحوں کا الاؤ
اس جیون میں، غم، دمِ خنجر
دکھ سمِ قاتل

مَیں نے پیا ہر زہر سے امرت!
کیسے کیسے عجب زمانے
پگ پگ شعلے، تٹ تٹ طوفاں
اور مرا دل:
بجھتے جگوں کی راکھ میں لت پت!
بسری یادوں کی بستی کے
بند کواڑوں سے ٹکراتا
میں اک سائل
میرا رزق، سسکتی چاہت!
شہر جنوں کے رنگ نیارے
گلیاں، موڑ، منڈیریں، دوارے
منزل منزل
ارمانوں کی بچھڑتی سنگت!
دُور کہیں، اس پار، وہ دنیا
آرزوؤں کا دیس کہ جس کی
راہ میں حائل
آنکھ کی جھیلیں، دھوئیں کے پربت!
دردوں کے اس کوہِ گراں سے
مَیں نے تراشی، نظم کے ایواں
کی اک اک سل
اک اک سوچ کی حیراں مورت!
تجربہ ہائے زیست کے آرے
تلخی صد احساس کے تیشے
ان کے مقابل

حرفِ زبوں — اک کانچ کی لعبت!
عمر اسی الجھن میں گزری
کیا شے ہے یہ حرف و بیاں کا
عقدۂ مشکل؟
صورتِ معنیٰ؟ معنیِ صورت؟
اکثر گردِ سخن سے نہ ابھرے
وادیِ فکر کی لیلاؤں کے
جھومتے محمل!

طے نہ ہوا ویرانۂ حیرت!
گرچہ قلم کی نوک سے ٹپکے
کتنے ترانے، کتنے فسانے
لاکھ مسائل
دل میں رہی سب دل کی حکایت!
بیس برس کی کاوشِ پیہم
سوچتے دن اور جاگتی راتیں
ان کا حاصل:
ایک یہی اظہار کی حسرت!

دمِ شرر

حُسن

یہ کائنات مرا اک تبسم رنگیں
بہارِ خلد مری اک نگاہِ فردوسیں

ہیں جلوہ خیز زمین و زماں مرے دم سے
ہے نور ریز فضائے جہاں مرے دم سے

گھٹا؟ نہیں یہ مرے گیسوؤں کا پرتو ہے!
ہوا؟ نہیں مرے جذبات کی تگ و دو ہے!

جمالِ گل؟ نہیں بے وجہ ہنس پڑا ہوں میں
نسیمِ صبح؟ نہیں سانس لے رہا ہوں میں

یہ عشق تو ہے اک احساسِ بیخودانہ مرا
یہ زندگی تو ہے اک جذبِ والہانہ مرا

ظہور کون و مکاں کا سبب فقط میں ہوں
نظام سلسلہ روز و شب فقط میں ہوں

لمحاتِ فانی

بہشتو! چاندنی راتیں تمہاری
ہیں رنگیں، نقرئی، مخمور، پیاری
مگر وہ رات، وہ میخانہ، وہ دَور
وہ صہبائے محبت کا چھلکنا
وہ ہونٹوں کی بہم پیوستگی ۔۔۔ اور
دلوں کا ہم نوا ہو کر دھڑکنا
بہشتو! اس شبِ تیرہ پہ صدقے
رہ پہلی چاندنی راتیں تمہاری
خدائے وقت! تو ہے جاودانی
ترا ہر سانس روحِ زندگانی
مگر وہ وقت جب تیرہ خلا میں
ستاروں کی نظر گم ہو رہی تھی
اور اس دم میری آغوشِ گنہ میں
قیامت کی جوانی سو رہی تھی
خدائے وقت! اس وقتِ حسیں پر
تصدق تیری عمر جاودانی

شاعر

میں شاعر ہوں میری جمالیں نگہ میں
ذرا بھی نہیں فرق ذرے میں مہ میں
جہاں ایک تنکا سا ہے میری رہ میں

ہر اک چیز میرے لیے ہے فسانہ
ہر اک دُوب سے سن رہا ہوں ترانہ
مرے فکر کے دام میں ہے زمانہ

میں سینے میں داغوں کے دیپک جلائے
میں اشکوں کے تاروں کا برپط اٹھائے
خیالوں میں نغموں کی دنیا بسائے

رہِ زیست پر بے خطر جا رہا ہوں
کہاں جا رہا ہوں، کدھر جا رہا ہوں
نہیں جانتا ہوں، مگر جا رہا ہوں

یہ دنیا، یہ بے ربط سی ایک زنجیر
یہ دنیا، یہ اک نامکمل سی تصویر
یہ دنیا نہیں میرے خوابوں کی تعبیر

میں جب سوچتا ہوں کہ انساں کا انجام
ہے مٹی کے اک گھر کی آغوشِ آرام
تو سینے میں اٹھتا ہے اک دردِ بے نام

میں جب دیکھتا ہوں کہ یہ بزمِ فانی
غمِ جاودانی کی ہے اک کہانی
تو چیخ اٹھتی ہے میری باغی جوانی

یہ محلوں، یہ تختوں، یہ تاجوں کی دنیا
گناہوں میں لتھڑے رواجوں کی دنیا
محبت کے دشمن سماجوں کی دنیا

یہاں پر کلی دل کی کھلتی نہیں ہے
کوئی چق دریچوں کی ہلتی نہیں ہے
مرے عشق کو بھیک ملتی نہیں ہے

اگر میں خدا اس زمانے کا ہوتا
تو عنواں کچھ اور اس فسانے کا ہوتا
عجب لطف دنیا میں آنے کا ہوتا

مگر ہائے ظالم زمانے کی رسمیں
ہیں کڑواہٹیں جن کی امرت کے رس میں
نہیں میرے بس میں، نہیں میرے بس میں

مری عمر بیتی چلی جا رہی ہے

دو گھڑیوں کی چھاؤں ڈھلی جا رہی ہے

ذرا سی یہ بتی جلی جا رہی ہے

جونہی چاہتی ہے مری روحِ مدہوش

کہ لائے ذرا لب پہ فریادِ پرجوش

اجل آ کے کہتی ہے خاموش! خاموش!

بُندا

کاش میں تیرے بنِ گوش میں بُندا ہوتا!
رات کو بے خبری میں جو مچل جاتا میں
تو ترے کان سے چپ چاپ نکل جاتا میں

صبح کو گرتے تری زلفوں سے جب باسی پھول
میرے کھو جانے پہ ہوتا ترا دل کتنا ملول!

تو مجھے ڈھونڈتی کس شوق سے گھبراہٹ میں
اپنے مہکے ہوئے بستر کی ہر اک سلوٹ میں

جونہی کرتیں تری نرم انگلیاں محسوس مجھے
ملتا اس گوش کا پھر گوشۂ مانوس مجھے

کان سے تو مجھے ہرگز نہ اتارا کرتی
تو کبھی میری جدائی نہ گوارا کرتی

یوں تری قربتِ رنگیں کے نشے میں مدہوش
عمر بھر رہتا مری جاں میں ترا حلقہ بگوش
کاش میں تیرے بنِ گوش میں بُندا ہوتا!

صبحِ جدائی

اب دھندلی پڑتی جاتی ہے تاریکیِ شب، میں جاتا ہوں
وہ صبح کا تارا ابھرا، وہ پو پھوٹی، اب میں جاتا ہوں

جاتا ہوں، اجازت! جانے دو، وہ دیکھو اجالے چھانے کو ہیں
سورج کی سنہری کرنوں کے خاموش بلاوے آنے کو ہیں

وہ پھولوں کے گجرے جو تم کل شام پرو کر لائی تھیں
وہ کلیاں جن سے تم نے یہ رنگیں سیجیں مہکائی تھیں

دیکھو ان باسی کلیوں کی پتی پتی مرجھائی ہے
وہ رات سہانی بیت چکی، آ پہنچی صبح جدائی ہے

اب مجھ کو یہاں سے جانا ہے، پرشوق نگاہو! مت روکو
او میرے گلے میں لٹکی ہوئی لچکیلی بانہو! مت روکو

ان الجھی الجھی زلفوں میں دل اپنا بسارے جاتا ہوں
ان میٹھی میٹھی نظروں کی یادوں کے سہارے جاتا ہوں

جاتا ہوں، اجازت! وہ دیکھو، غرفے سے شعاعیں جھلکی ہیں
پگھلے ہوئے سونے کی لہریں مینائے شفق سے چھلکی ہیں

کھیتوں میں کسی چرواہے نے بنسی کی تان اڑائی ہے
ایک ایک رسیلی سر جس کی پیغام سفر کا لائی ہے

مجبور ہوں میں، جانا جو ہوا، دل مانے نہ مانے جاتا ہوں
دنیا کی اندھیری گھاٹی میں اب ٹھوکریں کھانے جاتا ہوں

التماس

مری آنکھ میں رتجگوں کی تھکاوٹ
مری منتظر راہ پیما نگاہیں

مرے شہرِ دل کی طرف جانے والی
گھٹاؤں کے سایوں سے آباد راہیں

مری صبح تیرہ کی پلکوں پہ آنسو
مری شامِ ویراں کے ہونٹوں پہ آہیں

مری آرزوؤں کی معبود! تجھ سے
فقط اتنا چاہیں، فقط اتنا چاہیں

کہ لڑکا کے اک بار گردن میں میری
چنبیلی کی شاخوں سی لچکیلی باہیں

ذرا زلفِ خوش تاب سے کھیلنے دے
جوانی کے اک خواب سے کھیلنے دے

سطورِ تپاں

خدا

(ایک اچھوت ماں کا تصور)

خبر ہے تجھ کو کچھ، رلدو! مرے ننھے! مرے بالک!
ترا بھگوان پرمیشر ہے اس سنسار کا پالک!

کہاں رہتا ہے پرمیشر؟ ادھر آکاش کے پیچھے
کہیں دُور، اس طرف تاروں کی بکھری تاش کے پیچھے

نہیں دیکھا؟ سویرے جوں ہی مندر میں گجر باجا
پہن کر نور کی پوشاک وہ من موہنا راجا

لیے سونے کا چھابا جب ادھر پورب سے آتا ہے
تو ان تاروں کی پگڈنڈی پہ جھاڑو دے کے جاتا ہے

نہیں سمجھے کہ اتنا دُور کیوں اس کا بسیرا ہے؟
وہ اونچی ذات والا ہے اور اونچا اس کا ڈیرا ہے

یہ دنیا والے، یہ امرت کے رس کی چھاگلوں والے
یہ میٹھے بھوجنوں والے، یہ اجلے آنچلوں والے

یہ اس کو اپنی لاشیں اپنے مردے سونپ دیتے ہیں
عفونت سے بھرے دل اور گردے سونپ دیتے ہیں

جنہیں دوزخ کے زہروں میں بھگو کر بھونتا ہے وہ
جنہیں شعلوں کی سینخوں میں پرو کر بھونتا ہے وہ

یہ اس بھگوان کے دامن کو چھُو لینے سے ڈرتے ہیں
یہ اس کو اپنے محلوں میں جگہ دینے سے ڈرتے ہیں

کسی نے بھول کر اس کا بھجن گایا، یہ جل اٹھے
کہیں پڑ بھی گیا اس کا حسیں سایا، یہ جل اٹھے

غلط کہتا ہے تو نادان، تو نے اس کو دیکھا ہے
مرے بھولے! ہماری اور اس کی ایک لیکھا ہے

پھر کیا ہو؟

آسماں بھی نہ ہو زمیں بھی نہ ہو
دشت و دریا نہ کوہ و صحرا ہو
دن ہو بے نور، رات بے ظلمت
ماہ کافور، مہر عنقا ہو
بے نشاں بے کراں فضاؤں میں
کوئی تارا نہ جھلملاتا ہو
نہ ازل ہو نہ ہو ابد کوئی
کوئی جلوہ نہ کوئی پردا ہو
نہ کہیں بھی نشانِ ہستی ہو
نہ کہیں بھی گمانِ دنیا ہو
موت ناپید، زندگی معدوم
نہ حقیقت ہو اور نہ دھوکا ہو
کہیں نقشِ وجود تک نہ رہے
کہیں اک سانس تک نہ آتا ہو
یہ جہاں بھی نہ ہو، خدا بھی نہ ہو
کہیں اک ذرّہ تک نہ اڑتا ہو
سوچتا ہوں تو کانپ جاتا ہوں
یہاں کچھ بھی نہ ہو تو پھر کیا ہو؟

گلی کا چراغ

تری جلن ہے مرے سوزِ دل کے کتنی قریب
خدا رکھے تجھے روشن! چراغِ کوئے حبیب

تو جانتا ہے مری زندگی کا افسانہ
تو جانتا ہے میں کس شمع کا ہوں پروانہ

لرز لرز گئی اکثر تری یہ نازک لَو
ٹھٹک ٹھٹک کے چلا جب کوئی حزیں رہرو

وہ تیرے سانولے سایوں میں اس کا طوفِ نیاز
وہ دُور ۔۔۔ موڑ پہ قدموں کی آخری آواز

صدا خفیف سی دستک سے ملتی جلتی ہوئی
اور اس کے بعد کوئی چٹخنی سی کھلتی ہوئی

ہوا کے نرم جھکولوں میں سرسراہٹ سی
گلی کے کونے پہ باتیں سی، کھلکھلاہٹ سی

کہ اتنے میں نظر آیا طویل سایہ کوئی
پھر اک صدا کہ ''وہ دیکھو ادھر سے آیا کوئی،،

کواڑ بند، گلی بے صدا، فضا خاموش
اور ایک درد کا مارا مسافرِ مدہوش

پلٹ چلا انھی رستوں پہ ڈگمگاتا ہوا
دُکھے دُکھے ہوئے لہجے میں گنگناتا ہوا

تو جانتا ہے کسی کی گلی کے پاک چراغ
چراغِ طور سے بھی بڑھ کے تابناک چراغ

کہ تو نہ ہو تو وہ آوارۂ دیارِ حبیب
پہنچ سکے نہ کبھی ''ان،، کے آستاں کے قریب

جو تو نہ ہو تو یہ راز اک فسانہ بن جائے
نگاہِ اہلِ جہاں کا نشانہ بن جائے

رخصت

تھک گئیں آنکھیں، امیدیں سو گئیں، دل مر گیا
زندگی! عزمِ سفر کر، موت! کب آئے گی تو؟

آنسوؤ! آنکھوں میں اب آنے سے شرماتے ہو کیوں؟
تھی تمہی سے میرے داغِ آرزو کی آبرو!

اے کسی کے آستاں کو جانے والے راستے!
بخش دینا! میرا پائے شوق تھا سیماب خو

یہ ترا کتنا بڑا احسان ہے بادِ سحر!
عمر بھر کھیلی مری آہوں کے انگاروں سے تو

اے زمانے کے حسیں صیاد! کیا کہنا ترا
جاں گسل ہیں تیرے دامِ خوشنما کے تار و پو

آہ میری روح کو ڈسنے لگی ہے سانس سانس
اب میں رخصت چاہتا ہوں اے جہانِ رنگ و بو!

دنیا

جہاں کی حقیقت کی کس کو خبر ہے
فریبِ نظر تھی، فریبِ نظر ہے

یہی پھول کی زیست کا ماحصل ہے
کہ اس کا تبسم ہی اس کی اجل ہے

نہ سمجھو کہ چشمِ حسیں سرمگیں ہے
نہیں، قبر کی تیرگی کی امیں ہے

یہ کیا کہہ رہے ہو کہ ندّی رواں ہے
سمندر سے پوچھو، کہاں تھی، کہاں ہے

نہ سمجھو کہ ہے کیف پرور یہ نغمہ
شکن ہے ہوا کی جبیں پر یہ نغمہ

کہاں دھڑکنیں ہیں دلِ زار کی یہ
صدائیں ہیں اک ٹوٹتے تار کی یہ

یہ ہستی کا دریا بہا جا رہا ہے
ہم آہنگِ سیلِ فنا جا رہا ہے

پھنسے کچھ انوکھے قرینوں میں ہیں ہم
حبابوں کے نازک سفینوں میں ہیں ہم

یہ کیا ہے، یہ کیوں ہے، خبر کیا، خبر کیا
مرے تیرہ ادراک کی ہو سحَر کیا!

مری بزمِ دل میں نہیں روشنی کیوں؟
ہے بے صید میری نگہ کی انی کیوں؟

یہ دنیا ہے میری کہ مرقد ہے میرا؟
یہاں بھی اندھیرا، وہاں بھی اندھیرا

پژمردہ پتیاں

بکھری ہیں صحنِ باغ میں پژمردہ پتیاں
دوشیزۂ بہار کے دامن کی دھجیاں!

ہمدم! غمیں نہ ہو کہ یہ مٹتی نشانیاں
اک آنے والی رُت کی ہیں شیریں کہانیاں!

ڈھیر ان کے یہ نہیں ہیں چمن میں لگے ہوئے
پیوند ہیں خزاں کے کفن میں لگے ہوئے

جاتی ہوئی خزاں کے جنازے کے ساتھ ساتھ
تالی بجاتے جاتے ہیں ان کے حسین ہاتھ

ان کے دلوں پہ زیست کے راز آشکار ہیں
صرفِ خزاں بھی ہو کے نقیبِ بہار ہیں

خود کشی

ہاں مَیں نے بھی سنا ہے تمہارے پڑوس میں
کل رات ایک حادثۂ قتل ہو گیا

ہاں مَیں نے بھی سنا ہے کہ اک جام زہر کا
دو جیونوں کی ننھی سی نوکا ڈبو گیا

کوئی دُکھی جوان وطن اپنا چھوڑ کر
اپنی سکھی کے ساتھ اک اور دیس کو گیا

دنیا کے خارزار میں سو ٹھوکروں کے بعد
یوں آخر ان کا قصۂ غم ختم ہو گیا

یوں طے کیا انہوں نے محبت کا مرحلہ
ایک ایک گھونٹ اور جو ہونا تھا ہو گیا

دونوں کی آنکھ میں تھا اک اک اشک منجمد
جو خشک خشک پلکوں کی نوکیں بھگو گیا

کچھ کہنے پائی تھی کہ وہ خاموش ہو گئی
کوئی جواب دینے کو تھا وہ کہ سو گیا

پیمانہٴ اجل کا وہ تلخابہ اس طرح
روحوں کے زخموں، سینوں کے داغوں کو دھو گیا

اکثر یونہی ہوا ہے کہ الفت کا امتحاں
دشواریوں میں موت کی آسان ہو گیا

آؤ نا! ہم بھی توڑ دیں اس دامِ زیست کو
سنگِ اجل پہ پھوڑ دیں اس جامِ زیست کو

سیرِ سرما

پوہ کی سردیوں کی رعنائی
آخرِ شب کی سرد تنہائی

ٹھنڈی ٹھنڈی ہوا، خدا کی پناہ
دھند میں گم فضا، خدا کی پناہ

ذرّے ذرّے پہ، پات پات پہ برف
ہر کہیں سطحِ کائنات پہ برف

اس قدر ہے خنک ہوائے صبوح
منجمد ہے رگوں میں موجۂ روح

کون کہتا ہے دل ہے سینے میں
برف کی ایک سل ہے سینے میں

پھر بھی آنکھوں کے سرد جاموں میں
پھر بھی پلکوں کے ٹھٹھرے داموں میں

گرم گرم اشک اضطراب میں ہیں
میری ماند پیچ و تاب میں ہیں

ہوں رواں آتشیں خیالوں میں گم
آہ تم! کتنے سرد مہر ہو۔۔۔۔تم!

سوکھا تنہا پتا

اس بیری کی اونچی چوٹی پر وہ سوکھا تنہا پتا!
جس کی ہستی کا بیری ہے پت جھڑ کی رُت کا ہر جھونکا

کاش مری یہ قسمت ہوتی، کاش میں وہ اک پتا ہوتا
ٹوٹ کے جھٹ اس ٹہنی سے گر پڑتا، کتنا اچھا ہوتا

گر پڑتا، اس بیری والے گھر کے آنگن میں گر پڑتا
یوں ان پازیبوں والے پاؤں کے دامن میں گر پڑتا

جس کو میرے آنسو پو چیں، اس گھر کے خاشاک میں مل کر
جس کو میرے سجدے ترسیں، اس دوارے کی خاک میں مل کر

اس آنگن کی دھول میں مل کر مٹتا مٹتا مٹ جاتا میں
عمر بھر ان قدموں کو اپنے سینے پر مضطر پاتا میں

ہائے! مجھ سے نہ دیکھا جائے، آیا ہوا کا جھونکا آیا
ڈالیاں لرزیں، ٹہنیاں کانپیں، لو، وہ سوکھا پتا ٹوٹا

کنواں

کنواں چل رہا ہے، مگر کھیت سوکھے پڑے ہیں، نہ فصلیں، نہ خرمن، نہ دانہ
نہ شاخوں کی باہیں، نہ پھولوں کے مکھڑے، نہ کلیوں کے ماتھے، نہ رُت کی جوانی
گزرتا ہے کیاروں کے پیاسے کناروں کو یوں چیرتا تیز، خوں رنگ پانی
کہ جس طرح زخموں کی دُکھتی تپکتی تہوں میں کسی نیشتر کی روانی

ادھر دھیری دھیری
کنوئیں کی نفیری

ہے چھیڑے چلی جا رہی اک ترانہ
پراسرار گانا

جسے سن کے رقصاں ہے اندھے تھکے ہارے بے جان بیلوں کا جوڑا بچارا
گراں بار زنجیریں، بھاری سلاسل، کڑکتے ہوئے آتشیں تازیانے
طویل اور لامنتہی راستے پر بچھا رکھے ہیں دام اپنے قضا نے
ادھر وہ مصیبت کے ساتھی ملائے ہوئے سینگوں سے سینگ، شانوں سے شانے

رواں ہیں نہ جانے
کدھر؟ کس ٹھکانے؟

نہ رکنے کی تاب اور نہ چلنے کا یارا
مقدر نیارا

کنوئیں والا گاڈی پہ لیٹا ہے مست اپنی ہنسی کی میٹھی سریلی صدا میں
کہیں کھیت سوکھا پڑا رہ گیا اور نہ اس تک کبھی آئی پانی کی باری
کہیں بہہ گئی ایک ہی تند ریلے کی فیّاض لہروں میں کیاری کی کیاری
کہیں ہو گئیں دھول میں دھول لاکھوں رنگا رنگ فصلیں، ثمردار ساری

پریشاں پریشاں
گریزاں گریزاں

تڑپتی ہیں خوشبوئیں دامِ ہوا میں
نظامِ فنا میں

اور اک نغمۂ سرمدی کان میں آ رہا ہے، مسلسل کنواں چل رہا ہے
پیاپے مگر نرم رو اس کی رفتار، پیہم مگر بے تکان اس کی گردش
عدم سے ازل تک، ازل سے ابد تک، بدلتی نہیں ایک آن اس کی گردش
نہ جانے لیے اپنے دولاب کی آستینوں میں کتنے جہان اس کی گردش

رواں ہے رواں ہے
تپاں ہے تپاں ہے

یہ چکر یونہی جاوداں چل رہا ہے
کنواں چل رہا ہے

جینے والے

کیا خبر صبح کے ستارے کو
ہے اسے فرصتِ نظر کتنی

پھیلتی خوشبوؤں کو کیا معلوم
ہے انہیں مہلتِ سفر کتنی

برقِ بے تاب کو خبر نہ ہوئی
کہ ہے عمرِ دمِ شرر کتنی

کبھی سوچا نہ پینے والے نے
جام میں مے تو ہے مگر کتنی

دیکھ سکتی نہیں مآلِ بہار
گرچہ نرگس ہے دیدہ ور کتنی

جانے کیا زندگی کی جاگتی آنکھ
ہو گئی اس کی شب بسر کتنی

شمعِ خود سوز کو پتہ نہ چلا

دُور ہے منزلِ سحر کتنی

مسکراتی کلی کو اس سے غرض
کہ ہے عمر اس کی مختصر کتنی

جینے والوں کو کام جینے سے
زندگی کا نظام جینے سے

ساتھی

پھول کی خوشبو ہنستی آئی
میرے بسیرے کو مہکانے
مَیں خوشبو میں، خوشبو مجھ میں
اس کو مَیں جانوں، مجھ کو وہ جانے
مجھ سے چھو کر، مجھ میں بس کر
اس کی بہاریں، اس کے زمانے
لاکھوں پھولوں کی مہکاریں
رکھتے ہیں گلشن ویرانے
مجھ سے الگ ہیں، مجھ سے جدا ہیں
میں بیگانہ، وہ بیگانے
ان کو بکھیرا، ان کو اڑایا
دستِ خزاں نے، موجِ صبا نے

بھولا بھٹکا، ناداں قطرہ
آنکھوں کی تِتلی کو سجانے
آنسو بن کر دوڑا آیا
میری پلکیں اس کے ٹھکانے
اس کا تھرکنا، اس کا تڑپنا

میرے قصے، میرے فسانے
اس کی ہستی میری ہستی
اس کے موتی میرے خزانے
باقی سارے گوہر پارے
خاک کے ذرے، ریت کے دانے

پربت کی اونچی چوٹی سے
دامن پھیلایا جو گھٹا نے
ٹھنڈی ہوا کے ٹھنڈے جھونکے
بے خود، آوارہ، مستانے
اپنی ٹھنڈک لے کر آئے
میری آگ میں گھل مل جانے
ان کی ہستی کا پیراہن
میری سانس کے تانے بانے
ان کے جھکولے، میری امنگیں
ان کی نوائیں، میرے ترانے
باقی سارے طوفانوں کو
جذب کیا پہنائے فضا نے

فطرت کی یہ گوناگونی
گلشن، بَن، وادی، ویرانے
کانٹے، کلیاں، نور، اندھیرا
انجمنیں، شمعیں، پروانے

لاکھوں شاطر، لاکھوں مہرے
کھیلے ہیں شطرنج کے خانے
جانتا ہوں میں یہ سب کیا ہیں
صہبا سے خالی پیمانے
بھوکی مٹی کو سونپے ہیں
دنیا نے اپنے نذرانے

جس نے میرا دامن تھاما
آیا جو مجھ میں بس جانے
میرے طوفانوں میں بہنے
میری موجوں میں لہرانے
میرے سوزِ دل کی لو سے
اپنے من کی جوت جگانے
زیست کی پہنائی میں کھیلے
موت کی گہرائی کو نہ جانے
اس کا بربط میرے نغمے
اس کے گیسو میرے شانے
میری نظریں اس کی دنیا
میری سانسیں اس کے زمانے

واماندہ

قافلے کتنے پیش و پس گزرے!

میری واماندگی پہ ہنس گزرے!

کتنے تارے چمک چمک ڈوبے

کتنے بادل برس برس گزرے!

سلسلے ہانپتے زمانوں کے

تیز رفتار، دوررس گزرے

کتنی راتیں تڑپ تڑپ کاٹیں!

کس قدر دن ترس ترس گزرے

وہ نہ پھر لوٹے، مدتیں بیتیں

انہیں دیکھے ہوئے برس گزرے

اب تو یاد ان کی دل میں آتی ہے

جیسے بجلی پہ نبضِ خس گزرے

ابدی خامشی کی آندھی میں

جیسے کوئی پرِ مگس گزرے

دُور سے راہرو کے کانوں میں

جس طرح نالۂ جرس گزرے

۱۹۴۲ء کا ایک جنگی پوسٹر

43

اک محافظ ستارے نے کل شام

کرۂ ارض کو خبر دی ہے

ملکِ مرّیخ کے لٹیروں نے

وادیِ مہ تباہ کر دی ہے

جادۂ کہکشاں کے دونوں طرف

گھاٹی گھاٹی لہو سے بھر دی ہے

آندھیوں نے انہیں خرام دیا

بجلیوں نے انہیں نظر دی ہے

ڈوبتا سورج ان کا مغفر ہے

شفقِ سرخ ان کی وردی ہے

آج انہوں نے نظامِ عالم کو

دعوتِ آتش و شرر دی ہے

آن پہنچی ہے امتحاں کی گھڑی

خاکیو! وقتِ پائے مردی ہے

یہ تمھی نے ہی ماہ و پرویں کو

اپنی تابانی نظر دی ہے

یہ تمھی نے ہی بزمِ انجم کو

تابشِ سلکِ اصد گہر دی ہے

یہ تمھی نے متاعِ نور اپنی
مشتری کو بھی مشت بھر دی ہے
بارہا وقت کے اندھیرے کو
تم نے رنگینیِ سحر دی ہے
جن مقامات کی خبر ہی نہیں
ان مقامات کی خبر دی ہے
تم وہ منزل ہو جس کے جلووں نے
منزلوں کو رہِ سفر دی ہے
سینکڑوں ناشگفتہ پھولوں کی بو
تم نے اس گلستاں میں بھر دی ہے
سینکڑوں ہستیوں کو صبح نمود
اپنی ہستی میں ڈوب کر دی ہے
سرمۂ چشمِ صد جہاں کے لیے
اپنے ایواں کی خاکِ در دی ہے
کون بتلائے تم نے اپنی شراب
مے کدے میں کدھر کدھر دی ہے
آج تقدیرِ زندگی نے صدا
پھر تمہیں نوبتِ دگر دی ہے
چشم بر راہ روحِ عالم ہے
منتظر چرخِ لاجوردی ہے
کہو کس چیز کی کمی ہے تمہیں
دل دیا ہے تمہیں، نظر دی ہے
زندگانی کے قافلوں کے لیے
تم کو آوازِ راہبر دی ہے

آب اور گل کے اک کھلونے کو

شانِ دارائی بشر دی ہے

پھاند جاؤ حدیں زمانوں کی

تھام لو باگ آسمانوں کی

آوارگانِ فطرت سے

بتا بھی مجھ کو ارے ہانپتے ہوئے جھونکے!
ارے او سینۂ فطرت کی آہِ آوارہ!
تری نظر نے بھی دیکھا کبھی وہ نظارہ

کہ لے کے اپنے جلو میں ہجوم اشکوں کے
کسی کی یاد جب ایوانِ دل پہ چھا جائے
تو اک خرابِ محبت کو نیند آ جائے

ابد کنار سمندر! تری حسیں موجیں
الاپتی ہیں شب و روز کیسے بھیانک راگ
بتا کبھی ترے طوفاں بجھا سکے ہیں وہ آگ

جو دفعتاً سلگ اٹھتی ہے دکھ بھرے دل میں
جب ایک بچھڑے ہوئے کا پیام آتا ہے
کسی کا روح کے ہونٹوں پہ نام آتا ہے

حسیں چاند! ستاروں کی انجمن کے ایاغ!
بتا کبھی تری کرنوں کے سیمگوں سائے

اک ایسے شہرِ خموشاں پہ بھی ہیں لہرائے

جہاں پہ ایک ابھاگن نے جب جلا کے چراغ

کسی کی قبر پہ مدھم سی روشنی کی ہو

تو سونے والے نے بھی جاگ کر صدا دی ہو

دستک

کس نے دروازہ کھٹکھٹایا ہے؟
جا کے دیکھوں تو، کون آیا ہے؟

کون آیا ہے میرے دوارے پر
رات آئی کہاں بچارے پر!

میرے چھپر سے ٹیک کر کاندھا
کون استادہ ہے تھکا ماندہ؟

میری کٹیا میں آؤ، سستا لو
یہ مرا ساغرِ شکستہ لو!

میری چھاگل سے گھونٹ پانی پیو
اک نئے عزم کی جوانی پیو

ٹمٹماتے دیے کی جھلمل میں
جوت سلگا لو اک نئی دل میں

یہ مرے آنسوؤں کی شبنم لو
پاؤں کے آبلوں کی مرہم لو

یہ مجھے افتخار دو، بیٹھو
سر سے گٹھڑی اتار دو، بیٹھو

میرے زانو پر اپنا سر رکھ کر
طاق پر کاہشِ سفر رکھ کر

نیند کی انجمن میں کھو جاؤ
منزلوں کے سپن میں کھو جاؤ

خواب، وادی و کوہسار کے خواب
دشت و دریا و آبشار کے خواب

خواب اندھیری طویل راہوں کے
کنج صحرا کی خیمہ گاہوں کے

جہاں اک شمع ابھی فروزاں ہے
جہاں اک دل تپاں ہے، سوزاں ہے

تم لپٹ جاؤ ان خیالوں سے
اور میں کھیلوں تمہارے بالوں سے

صبح جب نور کا فسوں برسے
سونی پگڈنڈیوں پہ خوں برسے

باگ تھامے حسیں ارادوں کی
تم خبر لو پھر اپنے جادوں کی

جب تلک زیست کا سفینہ بہے
اجنبی اجنبی کو یاد رہے

مجھ کو یہ اپنی یاد دے جاؤ
آؤ بھی، کیوں جھجکتے ہو، آؤ

تم کہاں ہو؟ کہاں؟ جواب تو دو
او مرے میہماں! جواب تو دو

تم نے دروازہ کھٹکھٹایا تھا!
کس کی دستک تھی؟ کون آیا تھا؟

نیم شب، قافلے ستاروں کے
تیز ہرکارے ابر پاروں کے

کس نے نیندوں کو میری ٹوکا تھا؟
کوئی جھونکا تھا؟ کوئی دھوکا تھا؟

راہگیر

کوئی تو مجھ کو بتائے یہ راہگیر ہے کون
حسین انکھڑیوں میں حسنِ شش جہات لیے
دمِ سحر ہے سرِ رہگزار محوِ سفر
سیاہ گیسوؤں میں بے کسی کی رات لیے
چلی ہے کون سی دنیائے بے نشاں کی طرف
ہزار گردشِ افلاک سات سات لیے
جبینِ ناز پہ دردِ مسافری کا ہجوم
پلک پلک پہ غبارِ رہِ حیات لیے
اداس چہرے پہ اک التجا کی گویائی
خموش لب پہ کوئی بے صدا سی بات لیے
خزاں کی سلطنتوں میں ہے ایک پھول رواں
ہر ایک خار سے امیدِ التفات لیے

لگی ہے اس کو لگن جانے کس ٹھکانے کی
بھٹک گئی نہ ہو ٹھوکر کوئی زمانے کی

گاڑی میں

یہ بے کراں فضائیں جہاں اپنے چہرے سے
پردہ الٹ دیا ہے نمودِ حیات نے

شاداب مرغزار کہ دیکھی ہے جس جگہ
اپنے نمو کی آخری حد، ڈال پات نے

گنجان جھنڈ جن کے تلے کہنہ سال دھوپ
آئی کبھی نہ سوت شعاعوں کا کاتنے

پیڑوں کے شاخچوں پہ چہکتے ہوئے طیور
تاکا جنہیں کبھی نہ شکاری کی گھات نے

تم کتنے خوش نصیب ہو آزاد جنگلو!
اب تک تمہیں چھوا نہیں انساں کے ہات نے

اب تک تمہاری صبح کو دھندلا نہیں کیا
تہذیب کے نظام کی تاریک رات نے

چھینکی نہیں تمہارے مقامِ بلند پر
کوئی کمند سلسلۂ حادثات نے

اچھے ہو تم کہ تم کو پریشاں نہیں کیا
انسانیت کے دل کی کسی واردات نے

اے وائے اس حسین بیاباں کو کس طرح
نیندوں سے بھر دیا ہے نسیم حیات نے

ان وسعتوں میں کلبہ و ایواں کوئی نہیں
ان کنکروں میں بندہ و سلطاں کوئی نہیں

طلوعِ فرض

سحر کے وقت دفتر کو رواں ہوں
رواں ہوں، ہمرہِ صد کارواں ہوں

سرِ بازار انسانوں کا انبوہ
کسی دستِ گل اندوزِ حنا میں
زمانے کی حسیں رتھ کی لگامیں
کسی کف پر خراشِ خارِ محنت
عدم کے راستے پر آنکھ میچے
کوئی آگے رواں ہے کوئی پیچھے

سڑک کے موڑ پر نالی میں پانی
تڑپتا تلملاتا جا رہا ہے
زدِ جاروب کھاتا جا رہا ہے
وہی مجبوریِ افتادِ مقصد
جو اس کی کاہشِ رفتار میں ہے
مرے ہر گامِ ناہموار میں ہے

کوئی خاموش پنچھی اپنے دل میں
امیدوں کے سنہرے جال بن کے
اڑا جاتا ہے چگنے دانے دنکے
فضائے زندگی کی آندھیوں سے
ہے ہر اک کو بچشم تر گزرنا
مجھے چل کر، اسے اڑ کر گزرنا

وہ اک اندھی بھکارن لڑکھڑائی
کہ چوراہے کے کھمبے کو پکڑ لے
صدا سے راہگیروں کو جکڑ لے
یہ پھیلا پھیلا، میلا میلا دامن
یہ کاسہ، یہ گلوئے شورانگیز
میرا دفتر، میری مسلیں، میرا میز

ابھی کمسن ہے اس کو کیا پڑی ہے
جسے جزداں بھی اک بارِ گراں ہے
وہ بچہ بھی سوئے مکتب رواں ہے
شریکِ کاروانِ زندگانی!
یہ کیا ہے مالکِ زندانِ تقدیر!
جوان و پیر کے پاؤں میں زنجیر!

شبِ رفتہ کی یادوں کو بھلانے
دکاں پر پان کھانے آ گئی ہے
جہاں کا منہ چڑانے آ گئی ہے
ہے اس میں مجھ میں کتنا فرق! لیکن
وہی اک فکر اس کو بھی، مجھے بھی
کہ آنے والی شب کیسے کٹے گی!

چمکتی کار فراٹے سے گزری
غبارِ رہ نے کروٹ بدلی، جاگا
اٹھا، اک دو قدم تک ساتھ بھاگا
پیاپے ٹھوکروں کا یہ تسلسل
یہی پرواز بھی، افتادگی بھی
متاعِ زیست اس کی بھی، مری بھی

گلستاں میں کہیں بھونرے نے چوسا
گلوں کا رس، شرابوں سا نشیلا
کہیں پر گھونٹ اک کڑوا کسیلا
کسی سڑتے ہوئے جوہڑ کے اندر
پڑا اک رینگتے کیڑے کو پینا
مگر مقصد وہی دو سانس جینا

وہ نکلا پھوٹ کر نورِ سحر سے
نظامِ زیست کا دریائے خوناب
پسینوں، آنسوؤں کا ایک سیلاب
کہ جس کی رو میں بہتا جا رہا ہے
گداگر کا کدو بھی، جامِ جم بھی
کلھاڑی بھی، درانتی بھی، قلم بھی!

سحر کے وقت دفتر کو رواں ہوں
رواں ہوں ہمرہِ صد کارواں ہوں

جوانی کی کہانی

نہ چھیڑ اے دل! جوانی کی کہانی

کسی کی داستانی کی کہانی

وہ سوزِ زندگی افروز کا ذکر

وہ دردِ جاودانی کی کہانی

وہ دکھ کی جاگتی راتوں کا قصہ

وہ اشکوں کی روانی کی کہانی

بہاریں مستیوں کی داستانیں

خماریں سرگرانی کی کہانی

مسرت آشنا غم کا فسانہ

غم آگیں شادمانی کی کہانی

وہ ہونٹوں سے لگے جاموں کا قصہ

وہ آتش موج پانی کی کہانی

مری آنکھوں میں آنسو جھوم آئے

نہ چھیڑ اے دل جوانی کی کہانی

کلبہ و ایواں

گھاس کی گٹھڑی کے نیچے وہ روشن روشن چہرہ
روپ جو شاہی ایوانوں کے پھولوں کو شرمائے

راہگزر پر سوکھے پتے چننے والی باہیں
باہیں جن کو دیکھ کے موجِ کوثر بل کھا جائے

بیلوں کے جھگڑوں کے پیچھے چلتے زخمی پاؤں
پاؤں جن کی آہٹ سوئی تقدیروں کو جگائے

بھیک کے اک ٹکڑے کو ترستی کھوئی کھوئی آنکھیں
پلکیں جن کے نیچے لاکھوں دنیاؤں کے سائے

یہ زخمی روحیں، یہ دکھتے دل، یہ جلتے سینے
کوئی انہیں سمجھائے جا کر، کوئی انہیں بتلائے

تم اچھے ہو ان ہونٹوں سے جن کی خونیں سرخی
محلوں کے سینوں کے اندر آگ لگاتی جائے

تم اچھے ہو ان زلفوں سے جن کی ظالم خوشبو
پھولوں کی وادی میں ناگن بن کر ڈسنے آئے

تم خوش قسمت ہو ان آنکھوں سے جن کی تنویریں
سونے چاندی کے ایوانوں میں مرگھٹ کے سائے

وہ چھپر اچھے جن میں ہوں دل سے دل کی باتیں
ان بنگلوں سے جن میں بسیں گونگے دن، بہری راتیں

دلِ دریا سمندروں ڈونگھے

اتنی آنکھیں، اتنے ماتھے، اتنے ہونٹ

چشمکیں، تیور، تبسم، قہقہے

اس قدر غماز، اتنے ترجماں

اور پھر بھی لاکھ پیغام ان کہے

لاکھ اشارے جو ہیں ان بوجھے ابھی

لاکھ باتیں جو ہیں گویائی سے دُور

دُور، دل کے کنج ناموجود میں

روز و شب موجود، پیچاں، ناصبور!

کون اندھیری گھاٹیوں کو پھاند کر

جائے ان پرشور سناٹوں کے پار

گونجتے ہیں لاکھ سندیسے جہاں

کان سن سکتے نہیں جن کی پکار!

یہ جبینوں پر لکیریں موج موج!

کتنے افسانوں کی ژولیدہ سطور

انگھڑیوں میں ترمراتی ڈوریاں

کتنے قصوں کی زبانِ بے شعور

جامِ لب کی کھنکھناہٹ میں نہاں

کتنے مے خانوں کا شورِ بے خروش

اک تبسم، اک تکلم، اک نگاہ

کتنے احساسات کی صوتِ خموش!

کون الٹ سکتا ہے یہ بوجھل نقاب

پردہ در پردہ، حجاب اندر حجاب

اس طرف میں گوش بر آواز ہوں

اس طرف ہر ذرہ اک بجتا رباب

کس کو طاقت؟ کس کو یارا؟ کس کو تاب؟

کون ان بیاکل صداؤں کو سنے

اور ضمیرِ ہر صدا میں ڈوب کر

کون دل کے باغ کی کلیاں چنے!

کاش میں اتنا سمجھ سکتا کبھی

جب کوئی کرتا ہے مجھ سے ہنس کے بات

کیا یہ ہو سکتا ہے وقتِ گفتگو

اس کا دل بھی ہنستا ہو ہونٹوں کے سات

مجھ خرابِ آرزو کے حال پر

پھوٹ پڑتی ہے کسی کی آنکھ جب

مجھ کو ڈس جاتا ہے یہ چھبتا خیال

اس کا دل مجھ پر نہ ہو خندہ بلب!

کیا یہ سب سچ ہے جو کہتے ہیں یہ ہونٹ

ہونٹ، دھبے روح کے قرطاس پر

ہونٹ، قصرِ دل کے دروازے پہ قفل
ہونٹ، مہریں نامۂ احساس پر

اور ان آنکھوں پہ کس کو اعتبار؟
آنکھیں پردے روزنِ ادراک کے
کس طرح سمجھیں رموزِ زیست کو
آئنے پر دو کھلونے خاک کے!

کس طرح مانوں کہ یہ سب سچ ہے سچ
مجھ سے جو کہتے ہیں اس دنیا کے لوگ
چھو سکا ہے ان کے سینوں کو کبھی!
میرے دل کا درد، میرے من کا روگ

دُور کے پیڑ

آج آخر مَیں نے دل میں ٹھان لی

آج ان کے پاس جاؤں گا ضرور!

پار ان پھیلی چراگاہوں کے پار

ہانپتی پگڈنڈیوں سے دُور۔۔۔ دُور

اس طرف سے ایک عمر آیا کیے

میرے نام ان کے بلاوے روز و شب

دل کو سندیسے، ٹنگہ کو دعوتیں

شوق میں ڈوبے ہوئے پیغام سب

بارہا اُٹھی مری حیراں نظر

صبح دم ان کے ٹھکانوں کی طرف

بارہا دل نے یہ چپکے سے کہا

وہ کھڑے ہیں تیرے ارماں، صف بہ صف!

بارہا جب ان کے محلوں کے کلس

جگمگا اُٹھے فروغِ شام سے

مَیں نے دیکھی دُور سے اُٹھتی ہوئی

تودۂ خاکسترِ ایام سے

زندگی کے بے نشاں خوابوں کی دھند
منزلیں جن تک کوئی رستہ نہیں
آرزوؤں کی سنہری بستیاں
بستیاں، جن میں کوئی بستا نہیں

کر رہے ہیں روز و شب اک عمر سے
میری شرمیلی تمناؤں سے چھیڑ
دُور، جھکتے آسماں کی اوٹ میں
ٹیکری پر لہلہانے والے پیڑ

آج آخر مَیں نے دل میں ٹھان لی
آج جا پہنچا مَیں، جا پہنچا وہاں
خستہ دل پیڑوں کی اک سونی قطار
خشک شاخیں، کھڑ کھڑاتی ٹہنیاں

بے کفن اک لاش سے آویختہ
اپنی جھولی میں لیے پہنائے دشت
برگ و بر کی لاکھ پشتوں کے مزار
ان میں جھونکوں کی صدائے بازگشت

جس طرح مُردے کریں سرگوشیاں
دیکھتا ہوں اور یقیں آتا نہیں
آج ان ویرانیوں کا میرے نام
کوئی پیغامِ حسیں آتا نہیں

کوئی محمل، کوئی گردِ کارواں
کوئی آوازِ جرس، کچھ بھی نہیں
آرزوؤں کے سمن زاروں میں آج
رنگ، بو، چھب، روپ، رس، کچھ بھی نہیں

میتلے ٹیلوں کی ڈھلوانوں کے پار
وہ رہا میرا نشیمن، دُور اُدھر
کھیلتا ہے جس کے بام و در کے ساتھ
ٹیکری سے دُور اِدھر، اک نور اُدھر

نور۔۔۔ اک رنگیں دھوئیں کی طرح نور
روشنی۔۔۔ اک گل بداماں روشنی
میں تجھے ڈھونڈوں کہاں، ڈھونڈوں کہاں
میری نظروں سے گریزاں روشنی!

چولھا

ڈوریاں جب سے تھرتھرائی ہیں
زیست کی نیم باز پلکوں کی
آگ جلتی ہے تیرے سینے میں
روشنی جھونپڑوں محلکوں میں
آگ جلتی ہے، زندگی کی آگ!
جس کی لپٹوں پہ ہاتھ سینکتے ہیں
آنسوؤں کی نمی سے ٹھٹھرے راگ!
جس کے زخمی دھوئیں میں چھپ چھپ کر
روح سے روح بات کرتی ہے
دل کے داغوں کی سطح سوزاں پر
قہقہوں کی برات اترتی ہے
تو نے دیکھیں وہ ان گنت شامیں
جب ترے آہ بر لب انگارے
ہو گئے بجھ کے سرد راکھ کا ڈھیر
چھڑ گئے دو دلوں کے اکتارے
دو نگاہیں اٹھیں، ملیں، چمکیں
آنے والی سحر کی دھندلی آس
دو تڑپتے دلوں میں تیر گئی
اوندھی ہنڈیا، خنک توے کے پاس

پنواڑی

بوڑھا پنواڑی، اس کے بالوں میں مانگ ہے نیاری
آنکھوں میں جیون کی بجھتی اگنی کی چنگاری
نام کی اک ہٹّی کے اندر بوسیدہ الماری
آگے پیتل کے تختے پر اس کی دنیا ساری
پان، کتھّا، سگرٹ، تمباکو، چونا، لونگ، سپاری

عمر اس بوڑھے پنواڑی کی پان لگاتے گزری
چونا گھولتے، چھالیا کاٹتے، کتھ پگھلاتے گزری
سگرٹ کی خالی ڈبیوں کے محل سجاتے گزری
کتنے شرابی مشتریوں سے نین ملاتے گزری
چند کسیلے پتوں کی گتھی سلجھاتے گزری

کون اس گتھی کو سلجھائے، دنیا ایک پہیلی
دو دن ایک پھٹی چادر میں دکھ کی آندھی جھیلی
دو کڑوی سانسیں لیں، دو چلموں کی راکھ انڈیلی
اور پھر اس کے بعد نہ پوچھو، کھیل جو ہونی کھیلی
پنواڑی کی ارتھی اٹھی، بابا اللہ بیلی

صبح بھجن کی تان منوہر جھنن جھنن لہرائے

ایک چتا کی راکھ ہوا کے جھونکوں میں کھو جائے
شام کو اس کا کمسن بالا بیٹھا پان لگائے
جھن جھن، ٹھن ٹھن چونے والی کٹوری بجتی جائے
ایک پتنگا دیپک پر جل جائے، دوسرا آئے

بن کی چڑیا

صبح سویرے بن کی چڑیا من کی بات بتائے
جنگل میں سرکنڈوں کی کونپل پر بیٹھی گائے

ننھی چونچ پہ چوں چوں چوں چوں کی چونچل بانی
کرن کرن پر ناچ رہی ہے اس کے من کی کہانی

کیا گاتی ہے؟ کیا کہتی ہے؟ کون اس بھید کو کھولے؟
جانے دُور کے کس ان دیکھے دیس کی بولی بولے؟

کون سنے، ہاں کون سنے، راگ اس کے راگ البیلے
سب کے سب بہرے ہیں، میداں، وادی، دریا، ٹیلے

ظالم تنہائی کا جادو ویرانوں پر کھیلے!
دُور سرابوں کی جھلمل روحوں پر آگ انڈیلے!

نوک نوکِ خار کھلنڈرے ہرنوں کو کلپائے!
گانے والی چڑیا اپنا راگ الاپے جائے

ایک نظم

دوست، یہ سب سچ ہے، لیکن زندگی
کاٹنی تو ہے، بسر کرنی تو ہے!
گھات میں ہو منتظر چلے پہ تیر
ہرنیوں نے چوکڑی بھرنی تو ہے

کاٹ دیں کتنی رتوں کی گردنیں
بھاگتے لمحوں کے چلتے آروں نے
ہاں، یہ سب سچ ہے، پر اس کا کیا علاج
چار دن جینا ہے ہم بے چاروں نے

ہم نے بھی اپنی نحیف آواز کو
شاملِ شورِ جہاں کرنا تو ہے!
زندگی اک گہری، کڑوی، لمبی سانس
دوست، پہلے جی بھی لیں، مرنا تو ہے

موت کتنی تیرہ و تاریک ہے!
ہو گی، لیکن مجھ کو اس کا غم نہیں
قبر کے اندھے گڑھے کے اس طرف
اس طرف، باہر، اندھیرا کم نہیں

ہاں اسی گم سم اندھیرے میں ابھی

بیٹھ کر وہ راکھ چننی ہے ہمیں

راکھ، ان دنیاؤں کی، جو جل بجھیں

راکھ، جس میں لاکھ خونیں شبنمیں

زیست کی پلکوں سے ٹپ ٹپ پھوٹتی

جانے کب سے جذب ہوتی آئی ہیں

کتنی روحیں ان زمانوں کا خمیر

اپنے اشکوں میں سموتی آئی ہیں

جانتا ہوں، میرے دل کی آگ کو

چند ماہ و سال کے ایندھن کا ڈھیر

دیر تک تابندہ رکھ سکتا نہیں

زیست امکانات کا اک ہیر پھیر

کیا عجب ہے، میرے سینے کا شرر

اک تمنائے بغل گیری کے سات

وقت کے مرگھٹ پہ بانہیں کھول دے

اک نرالی صبح بن جائے یہ رات

بارش کے بعد

حسن تہذیب کا آئینۂ خوبی ۔۔۔ بازار
چہرۂ شہر پہ دو شوخ لٹوں کا جادہ
جس کے دو رویہ، پر آشوب کمیں گاہوں میں
جسم اور دل کے لذائذ کی صفِ استادہ
راہگیروں کی نگاہوں کو صدا دیتی ہے

مینہ تھا ہے، اور ابھی ہلکی پھہار آتی ہے
کچکچاتے ہوئے کیچڑ کو کچوکے دیتی۔۔۔
کھلکھلاتی ہوئی، قدموں کی قطار آتی ہے
کھیلتے بولتے انبوہ اور آموں کی دکاں!
نہ پپیہے کی، نہ کوئل کی پکار آتی ہے
آم! ہاں جن کی غریبُ الوطنی کی سوغات
دُور سے ریل کے ڈبوں پہ سوار آتی ہے!
آم ہی آم ہیں! اور ان کے سوا کچھ بھی نہیں
امریوں کے نہ وہ جھولے نہ وہ پینگوں کی کمان!
جھیل کے تٹ پہ گھنی چھاؤں میں جو گونجا کی
ناچتی سکھیوں کی بجتی ہوئی پائل کی وہ تان
سینۂ وقت سے پھوٹی ہوئی موجِ الہام
موت کی نیند ہے گیتوں کی کتابوں میں پڑی

اب یہی رہ گئیں انسان کے ماتم کے لیے
ہڈیاں بکھرے ہوئے آموں کی، چھابوں میں پڑی

لوگ، بن گٹھلیوں کے، پچکے ہوئے، چھلکوں سے
رائیگاں چوستے ہیں آموں کی فصلوں کی شراب
آہ! ساون کا وہ امرت، جو امر رس نہ رہا

پاس ہی تھالوں پہ بجتا ہوا بوندوں کا رباب
نانبائی کی دکاں جس کے چراغوں کی چمک
جلتے پاتال کے دوزخ سے اڑا لائی ہے
سینکڑوں بھوک کے مارے ہوئے پروانوں کو
سرپھرے کیڑے ہیں، بازار کی پہنائی ہے
یہ کتلیوں میں شپاشپ، یہ توؤں پر تڑ تڑ
اور وہ اک تھال میں کچھ پر جلی چاپیں باقی
یہ "اٹکتے ہوئے"، لقمے، یہ "پھڑکتے ہوئے"، گھونٹ
"مے کی ہر بوند متاعِ دو جہاں ہے ساقی"

ایک پُر نشاط جلوس کے ساتھ

کون ۔۔۔ اس اونچی چھت کی بوسیدہ منڈیروں کے قریب؟

نیچے خلعت پوش بازاروں میں، سیلابِ سرور
ناچتے پاؤں، تھرکتی بانہیں، محوِ نغمہ ہونٹ

میں بھی آ نکلا ہوں اتنی دُور سے، دردوں سے چور
صرف اس امید پر شاید کہ گزرے اب کے بھی
تیرے گھر کے سامنے والی سڑک کے پاس سے
اس حسیں تہوار کی رنگینیوں کا کارواں
شاید اب کے پھر بھی، شوقِ دید کے احساس سے
تو بھی آ نکلے سرِ بام ۔۔۔ آہ یہ سودائے خام

جا رہا ہوں زرفشاں پوشاک میں لپٹا ہوا
زرفشاں پوشاک کے نیچے دلِ حسرت نصیب
اک شرر پیراہنِ خاشاک میں لپٹا ہوا

آج کیوں ان ٹھوکروں کی پے بہ پے افتاد میں
اک عجب پُر نشاط آسودگی محسوس ہوتی ہے مجھے
کیوں اس انبوہِ رواں کی شورشوں کے درمیان

اک حسیں موجودگی محسوس ہوتی ہے مجھے

پاؤں تو اٹھتے ہیں لیکن آنکھ اٹھ سکتی نہیں
جا رہا ہوں میں نہ جانے کس سے شرماتا ہوا
میں لرز اٹھتا ہوں کس کی ٹکٹکی کے وہم سے؟
میں جھجک جاتا ہوں کس کے سامنے آتا ہوا؟

کس کا چہرہ ہے کہیں ان گھونگھٹوں کے درمیان۔۔۔
چوڑیوں والی کلائی؟ جھومروں والی جبیں؟
ممٹیوں پر سے پھسلتا ہی نہیں کنکر کوئی
کون ہے موجود؟ جو موجود بھی شاید نہیں

یاد

ایک   اجلا   سا   کانپتا   دھبا
ذہن کی سطح پر لڑھکتا ہوا

نقش جس میں کبھی سمٹ آئی
لاکھ یادوں کی مست انگڑائی
داغ جس کی جبینِ غم پہ کبھی
ہو گیا آ کے لرزہ بر اندام
کسی بھولے ہوئے حبیب کا نام
زخم جس کی ٹپکتی تہہ سے کبھی
رِس پڑے، دکھتے گھونگھٹ الٹا کے
کسی چہرے کے سینکڑوں خاکے

عکس، ان دیکھا عکس تیرتا ہے
آنسوؤں کی روانیوں میں رواں
روح کی شورشوں میں سایہ کناں
ذہن کی سطح پر لڑھکتا ہوا

امروز

ابد کے سمندر کی اک موج جس پر مری زندگی کا کنول تیرتا ہے
کسی ان سنی دائی راگنی کی کوئی تان، آزردہ، آوارہ، برباد
جو دم بھر کو آ کر مری الجھی الجھی سی سانسوں کے سنگیت میں ڈھل گئی ہے
زمانے کی پھیلی ہوئی بے کراں وسعتوں میں یہ دو چار لمحوں کی میعاد
طلوع وغروبِ مہ و مہر کے جاودانی تسلسل کی دو چار کڑیاں
یہ کچھ تھرتھراتے اجالوں کا روماں، یہ کچھ سنسناتے اندھیروں کا قصہ
یہ جو کچھ کہ میرے زمانے میں ہے اور یہ جو کچھ کہ اس کے زمانے میں مَیں ہوں
یہی میرا حصہ ازل سے ابد کے خزانوں سے ہے، بس یہی میرا حصہ

مجھے کیا خبر، وقت کے دیوتا کی حسیں رتھ کے پہیوں تلے پس چکے ہیں
مقدر کے کتنے کھلونے، زمانوں کے ہنگامے، صدیوں کے صدہا ہیولے
مجھے کیا تعلق ۔۔۔ میری آخری سانس کے بعد بھی دوش گیتی پہ مچلے
مہ و سال کے لازوال آبشارِ رواں کا وہ آنچل جو تاروں کو چھو لے
مگر آہ یہ لمحۂ مختصر جو مری زندگی، میرا زادِ سفر ہے
مرے ساتھ ہے، میرے بس میں ہے، میری ہتھیلی پہ ہے یہ لبالب پیالہ
یہی کچھ ہے لے دے کے میرے لیے اس خرابات شام و سحر میں یہی کچھ
یہ اک مہلتِ کاوشِ دردِ ہستی! یہ اک فرصتِ کوششِ آہ و نالہ

یہ صہبائے امروز جو صبح کی شاہزادی کی مست انکھڑیوں سے ٹپک کر

بہ دَورِ حیات آ گئی ہے، یہ ننھی سی چڑیاں جو چھت میں چہکنے لگی ہیں

ہوا کا یہ جھونکا جو میرے درتچے میں تلسی کی ٹہنی کو لرزا گیا ہے

پڑوسن کے آنگن میں، پانی کے نلکے پہ یہ چوڑیاں جو چھنکنے لگی ہیں

یہ دنیائے امروز میری ہے، میرے دلِ زار کی دھڑکنوں کی امیں ہے

یہ اشکوں سے شاداب دو چار صبحیں، یہ آہوں سے معمور دو چار شامیں

انہی چلمنوں سے مجھے دیکھنا ہے وہ کچھ کہ جو نظروں کی زد میں نہیں ہے

ایک کوہستانی سفر کے دوران میں

تنگ پگڈنڈی سرِ کہسار بل کھاتی ہوئی
نیچے، دونوں سمت، گہرے غار منہ کھولے ہوئے
آگے، ڈھلوانوں کے پار، اک تیز موڑ اور اس جگہ
اک فرشتے کی طرح نورانی پر تولے ہوئے

جھک پڑا ہے آ کے رستے پر کوئی نخلِ بلند
تھام کر جس کو گزر جاتے ہیں آسانی کے ساتھ
موڑ پر سے، ڈگمگاتے رہروؤں کے قافلے
ایک بوسیدہ، خمیدہ پیڑ کا کمزور ہاتھ
سینکڑوں گرتے ہوؤں کی دستگیری کا امیں

آہ! ان گردن فرازانِ جہاں کی زندگی
اک جھکی ٹہنی کا منصب بھی جنہیں حاصل نہیں

تیرے دیس میں

مدت کے بعد آج ادھر سے گزر ہوا
تیری گلی کے موڑ پہ رک سا گیا ہوں میں
اک لمحے کے لیے مجھے بیتے ہوئے سے
لوٹا دیے ہیں سلسلۂ صبح و شام نے

ایک ایک کر کے گزرے ہوئے لاکھ واقعات
پھرنے لگے ہیں میری نگاہوں کے سامنے
تو ہی نہیں ہے بلکہ بڑی مدتوں کے بعد
خود آج اپنے آپ کو یاد آ رہا ہوں میں

اب جانے اس کو کتنے زمانے گزر گئے
اک دن تری نگاہ سے میری نگاہ میں
ٹپکا تو تھا وہ حوصلۂ روزگار سوز
تب میں تھا اور دل کی جوالا دھواں دھواں
زنجیریں تپ گئیں مری لیکن نہ کٹ سکیں

میں جل بجھا اس آگ کے شعلوں کے درمیان
تیرے ارادہ بخش بلاوے کے باوجود
سہما رہا میں قید گہِ رسم و راہ میں

میں مانتا ہوں مَیں نے بغاوت ضرور کی

جبر زمانہ سے؟ نہیں، تیری نگاہ سے

لائی ہے ایک ان ہوئی ہونی کی یاد آج

پھر تیری رہ پہ دُور بہت تیری راہ سے

اور آج سوچتا ہوں...۔

اور آج سوچتا ہوں کہ کیوں میرا سوزِ دل
تیرے محل کا جشنِ چراغاں نہ بن سکا
تیری وفا سے پردۂ محمل نہ اُٹھ سکا
میرا جنوں بھی چاکِ گریباں نہ بن سکا

آنکھوں میں ممکنات کی طغیانیاں لیے
تو ساحلِ حیات پہ حیراں کھڑی رہی
دُور اک تڑپتی ناؤ، افق کے نشیب میں
موجوں کی سیڑھیوں سے اترتی چلی گئی

دَورِ زماں کی ایک چمکتی سی موڑ پر
تیرے قدم کی چاپ کا مَیں منتظر رہا
دُور اک حجابِ نور سے چھنتا ہوا سرود
پل بھر ابھر کے کھولتے لمحوں میں گھل گیا

آج اس تمام کاہشِ جاں سوز کا مآل
دکھتی سی اک خراش جبینِ خیال پر
بھولی سی ایک یاد، جو اب بھی کبھی کبھی
پر تولتی ہے کنگرۂ ماہ و سال پر

دنیا تو اک طلوعِ مسلسل کا نام ہے
لیکن ہماری زیست کی مچلی ہوئی کرن
جب بجھ گئی تو تیرگی لازوال ہے
تو شمعِ انجمن ہے نہ میں شمعِ انجمن

یہ غم نہیں کہ قصۂ لیل و نہار میں
ہم اک حسین باب نہ ایزاد کر سکے
افسوس یہ ہے جی تو رہا ہوں ترے بغیر
لیکن یہ سوچ، تیرے لیے کون مر سکے

دَورِ نو؟

زندگانی کا یہ فرسودہ نظام
آنسوؤں کی صبح اور آہوں کی شام
اس نظامِ کہنہ کو بدلے کوئی
سامنے وہ گوشۂ بالائے بام
چند دیواریں، شکستہ، ناتمام

نیچے اک سونی گلی کے موڑ پر
روز اپنے دیدۂ بے نور سے
ایک کھڑکی جھانکتی ہے دُور سے
عمر گزری، عمر گزری دیکھتے
اب وہاں چھت پر کوئی آتا نہیں
کوئی سہہا سایہ لہراتا نہیں
اب کسی آنچل کا عکسِ بے قرار
چوم کر اونچی منڈیروں کی جبیں
سیڑھیوں میں جا کے گم ہوتا نہیں

کھائے جاتی ہیں یہ دیواریں مجھے
ان فصیلوں میں گھرا ہے چار سُو
اک مِرا اجڑا سا شہرِ آرزو

کوئی اس دنیا کا بھی بدلے نظام
سینکڑوں خفتہ زمانوں کا خروش
کلبلا اٹھا ہے ہنگامہ بدوش

دوڑتی ہیں زلزلوں کے ساز پر
ایک دَورِ نو کی خونیں انگلیاں
پھر بھی میرے اور تیرے درمیاں
کہنہ دیواریں ابھی موجود ہیں
کیوں مری چھوٹی سی دنیائے حزیں
اپنی قسمت کو پلٹ سکتی نہیں؟
کیوں نظر آتی نہیں بالائے بام

اب کسی کی جھینپتی، ہنستی نگاہ
کون بدلے اس مری دنیا کو، آہ!

افتاد

کوئی دوزخ کوئی ٹھکانہ تو ہو
کوئی غم حاصلِ زمانہ تو ہو
لالہ و گل کی رُت نہیں، نہ سہی
کچھ نہ ہو، شاخ آشیانہ تو ہو
کبھی لچکے بھی آسمان کی ڈھال
یہ حقیقت کبھی فسانہ تو ہو
ان اندھیروں میں روشنی کے لیے
طاقِ چوبیں پہ شمع خانہ تو ہو
کسی بدلی کی ڈولتی چھایا
کوئی رختِ مسافرانہ تو ہو
گونجتے گھومتے جہانوں میں
کوئی آواز محرمانہ تو ہو
اس گلی سے پلٹ کے کون آئے
ہاں مگر اس گلی میں جانا تو ہو
میں سمجھتا ہوں ان سہاروں کو
پھر بھی جینے کا اک بہانہ تو ہو

ظروفِ نو

جبر و اختیار

دف دف طبلک، نفیرِ نَے، سرودِ ارغنوں
بہہ رہا ہے ایک نغمہ چار سو نکہت فشاں
خواب گوں ایواں میں، دھندلے قمقموں کے درمیاں

نرم سانسوں میں نگاروں کی لپک تھامے ہوئے
ناچتے پیکر ہیں اور آشوبِ صد آہنگ ساز
کیا مجال اک چاپ بھی ہو گھنگرُو سے بے نیاز

دائروں میں مست روحیں، موج موج اور زَوج زَوج
ہر طرازِ آستیں اک گوشۂ داماں میں گم
شورشِ ارماں کنارِ شورشِ ارماں میں گم

بیتتے لمحوں کی بجھتی مشعلوں سے پھوٹ کر
تیرتی پھرتی ہے حرفِ آرزو کی نغمگی
سرد ہونٹوں پر کبھی، مخمور آنکھوں میں کبھی

کالے کالے بادلوں کے دیس سے آتی ہوئی
رقص کی زنجیر کے نغمگم سے ٹکراتی ہوئی

راتوں کو۔۔۔۔

آنکھوں میں کوئی بس جاتا ہے
میٹھی سی ہنسی ہنس جاتا ہے
احساس کی لہریں ان تاریک جزیروں سے ٹکراتی ہیں
جہاں نغمے پنکھ سنوارتے ہیں

سنگین فصیلوں کے گنبد سے پہرے دار پکارتے ہیں:
'' کیا کرتا ہے؟،،
دل ڈرتا ہے
دل ڈرتا ہے ان کالی اکیلی راتوں سے دل ڈرتا ہے

ان سونی تنہا راتوں میں
دل ڈوب کے گزری باتوں میں
جب سوچتا ہے، کیا دیکھتا ہے، ہر سمت دھوئیں کا بادل ہے
وادی و بیاباں جل تھل ہے

زخار سمندر سوکھے ہیں، پر ہول چٹانیں پگھلی ہیں
دھرتی نے ٹوٹتے تاروں کی جلتی ہوئی لاشیں نگلی ہیں
پہنائے زماں کے سینے پر اک موج انگڑائی لیتی ہے!
اس آب و گل کی دلدل میں اک چاپ سنائی دیتی ہے

اک تھرکن سی، اک دھڑکن سی، آفاق کی ڈھلوانوں میں کہیں
تانیں جو ہمک کر ملتی ہیں، چل پڑتی ہیں، رکتی ہی نہیں
ان راگنیوں کے بھنور بھنور میں صدہا صدیاں گھوم گئیں
اس قرن آلود مسافت میں لاکھ آبلے پھوٹے، دیپ بجھے
اور آج کسے معلوم، ضمیرِ ہستی کا آہنگِ تپاں
کس دُور دیس کے کہروں میں لرزاں لرزاں رقصاں رقصاں
اس سانس کی رو تک پہنچا ہے

اس میرے میز پہ جلتی ہوئی قندیل کی لو تک پہنچا ہے
کون آیا ہے؟ کون آتا ہے؟ کون آئے گا؟
انجانے من کی مور کھتا کو کیا کیا دھیان گزرتا ہے
دل ڈرتا ہے
دل ڈرتا ہے ان کالی اکیلی راتوں سے دل ڈرتا ہے

جہانِ قیصر و جم میں

''ہے کس طرف، مرے بیٹے! تمہاری عمر دراز
ہمارے دیس کے فرماں روا کی درگہ ناز''

شعاعِ اوّلِ خورشید کی نگاہِ خموش
فضائے صبح کی دھندلاہٹوں میں ڈوب گئی
مجھے وہ لمحہٴ ظلمت فشاں نہیں بھولا
جب ایک پل کے لیے دو جہاں کی تاریکی
مرے ضمیر کی گہرائیوں سے اچھلی اور
اِدھر کے راستوں اور منزلوں پہ پھیل گئی

''معاف رکھنا، بڑی بی! مجھے نہیں معلوم!''
''کوئی بھی میرا جہاں میں نہیں،''
''ترے مقسوم!''

جہانِ قیصر و جم کی شگفتہ راہوں پر
ضعیف قدموں کے جلتے نشاں بکھرتے گئے
غبارِ راہ کی پیشانیوں سے مٹتے ہوئے
مرے شعور کے الواح پر ابھرتے گئے
ہزار لٹتے ہوئے خرمنوں کے نظارے

نظر کے سامنے آتے گئے، گزرتے گئے
''یہاں کہیں بھی مداوائے اضطراب نہیں
کہاں ہو، لوٹ بھی آؤ،،
کوئی جواب نہیں!

کسی کے ہانپتے ارماں جنہیں جگہ نہ ملی
نظامِ زر کے چمکتے ہوئے قرینوں میں
اب ایک دوزخِ احساس بن کے کھولتے ہیں
مرے تڑپتے ارادوں کے آبگینوں میں
پڑا رہے گا یونہی کب تک اے خسِ پامال
بلند محلوں کے رفعت نورد زینوں میں
عطا ہوا ہے تجھے بھی یہ حق مشیت سے
خراج مانگ بہاروں کی بادشاہت سے

روداد زمانہ

مجھ کو تسلیم ہے یہ بات فسانہ ہی سہی
پھر بھی سوچو تو حقیقت ہے کہ اس دنیا میں
جب سے ویرانۂ ماضی کے اندھیروں میں کہیں
رینگتے اژدروں کی زہر بھری پھنکاریں

نفسِ سینۂ انساں کی خبر لائی ہیں
ہم نے دیکھا ہے یہی کچھ کہ ہر اک دَورِ زماں
برف زاروں سے پھسلتی ہوئی صدیوں کا خروش
کھولتے لاوے میں جلتے ہوئے قرنوں کا دھواں

نردبانِ سحر و شام کے ساتھ اٹھتی ہوئی
اس صنم خانۂ ایام کی اک اک تعمیر
کچھ اگر ہے بھی، یہ سب سلسلۂ زیست تو ہے
انھی ناگوں کے خم و پیچ بدن کی تصویر

کیا وہ شوریدگی آب و دخاں کی منزل
کیا یہ حیرت کدۂ لالہ و گل کی سرحد
جا بجا وقت کے گنبدِ زماں میں نظر آتے ہیں
یہی عفریت، خدایانِ جہاں کے اب و جد

زیبِ اورنگ کہیں، زینتِ محراب کہیں
ان کی شعلہ سی زباں ہے کہ ازل سے اب تک
چاٹتی آئی ہے ان کانپتی روحوں کا لہو
جن کے ہونٹوں کی ڈلک، جن کی نگاہوں کی چمک

زہر میں ڈوب کے بھی بجھ نہ سکی، بجھ نہ سکی
ہاں اسی طرح سرِ سطحِ سوادِ ایام!
بارہا جنبشِ یک موج کے ہلکورے میں
بہہ گئے غولِ بیاباں کے گرانڈیل اجسام

بارہا تند ہوائیں چلیں، طوفاں آئے
لیکن اک پھول سے چمٹی ہوئی تتلی نہ گری
کوئی سمجھے تو حقیقت ہے، نہ سمجھے تو یہ بات
اک فسانہ سہی، رودادِ زمانہ نہ سہی

ہم سفر

ابھی ابھی سبز کھیتیوں پر
جو دُور تک مست آرزوؤں کی موج بن کر لہک رہی ہیں
سیاہ بادل جھکے ہوئے تھے
اور اب، حسیں دھوپ میں نہاتی فضائیں زلفیں چھٹک رہی ہیں

طویل پٹڑی کے ساتھ رقصاں
مہیب پیڑوں کے گونجتے جھنڈ، دراز سایوں سے بچتی راہیں
کہ جن کی موہوم سرحدوں پر
نکل کے گاڑی کی کھڑکیوں سے، تری نگاہیں مری نگاہیں
الگ الگ آ کے تھم گئی ہیں
اور ایک اندازِ بے کسی میں، مآلِ امروز سوچتی ہیں

پلٹ پلٹ کر اُمڈتے بادل
سمٹ سمٹ کر سرکتے آنچل
عجیب اک لذتِ طرب ہے!

نژادِ نو

برہنہ سر ہیں، برہنہ تن ہیں، برہنہ پا ہیں

شریر روحیں

ضمیرِ ہستی کی آرزوئیں

چٹکتی کلیاں

کہ جن سے بوڑھی، اداس گلیاں

مہک رہی ہیں

غریب بچے کہ جو شعاعِ سحر گہی ہیں

ہماری قبروں پہ گرتے اشکوں کا سلسلہ ہیں

وہ منزلیں جن کی جھلکیوں کو ہماری راہیں

ترس رہی ہیں

انہی کے قدموں میں بس رہی ہیں

حسین خوابوں

کی دھندلی دنیائیں جو سرابوں

کا روپ دھارے

ہمارے احساس پر شرارے

انڈیلتی ہیں

انہی کی آنکھوں میں کھیلتی ہیں

انہی کے گم سم

اداس چہروں پر جھلملاتے ہوئے تبسم
میں ڈھل گئے ہیں ہمارے آنسو، ہماری آہیں

طویل تاریکیوں میں کھو جائیں گے جب اک دن
ہمارے سائے
اس اپنی دنیا کی لاش اٹھائے
تو سیلِ دوراں
کی کوئی موجِ حیات ساماں
فروغِ فردا
کا رخ پہ ڈالے مہین پردا
اچھل کے شاید
سمیٹ لے زندگی کی سرحد
کے اس کنارے
یہ گھومتے عالموں کے دھارے
یہ سب بجا ہے، بجا ہے، لیکن۔۔۔

یہ توتلی نو خرام روحیں کہ جن کی ہر سانس اَنگبیں ہے
اگر انہی کونپلوں کی قسمت میں نازِ بالیدگی نہیں ہے
تو بہتی ندیوں
میں آنے والی ہزار صدیوں
کا یہ تلاطم
سکوتِ پیہم کا یہ ترنم
یہ جھونکے جھونکے
میں کھلتے گھونگھٹ نئی رتوں کے

تھکی خلاؤں

میں لاکھ ان دیکھی کہکشاؤں

کی کاوشِ رم

ہزار ناآفریدہ عالم۔۔۔۔

تمام باطل

نہ ان کا مقصد نہ ان کا حاصل

اگر انھی کونپلوں کی قسمت میں نازِ بالیدگی نہیں ہے

کانٹے کلیاں

تم سے تو یہ ڈسنے والے کانٹے اچھے، ہنستے پھولو!
چنچل کانٹے، لانبی دوب کی ٹھنڈی چھاؤں کے متوالے
اپنی جلتی جلتی زباں سے چاٹ چاٹ کے دکھتے چھالے
ہر راہی کا دامن تھام کے کہتے ہیں

''او جانے والے!

چلتے چلتے، جب تم اک دن پھاند کے یہ گم سم ویرانہ
دُور، کسی وادی کے کنارے، کھول کے اپنے دل کا خزانہ
ڈرتے ڈرتے چھیڑو کوئی دھیما دھیما مست ترانہ
ہم نے ہی یہ بس میں گھول کے رس بخشا تھا، بھول نہ جانا‘‘

تم سے تو یہ ڈسنے والے کانٹے اچھے، ہنستے پھولو!
ظالم پھولو! کتنے پیاسے خوابوں کے بیتاب ہیولے
کتنی زندگیوں کے بگولے، تمہاری خوشبووٰں کے جھولے
میں دو گھومتے لمحوں کے لب چوم کے اپنا رستہ بھولے

تم سے تو یہ کانٹے اچھے ۔۔۔

منٹو

میں نے اس کو دیکھا ہے
اجلی اجلی سڑکوں پر اک گرد بھری حیرانی میں
پھیلتی بھیڑ کے اوندھے اوندھے کٹوروں کی طغیانی میں
جب وہ خالی بوتل پھینک کے کہتا ہے
''دنیا! تیرا حسن یہی بد صورتی ہے،،
دنیا اس کو گھورتی ہے
شورِ سلاسل بن کر گونجنے لگتا ہے
انگاروں بھری آنکھوں میں یہ تند سوال
کون ہے یہ جس نے اپنی بہکی بہکی سانسوں کا جال

بامِ زماں پر پھینکا ہے؟
کون ہے جو بل کھاتے ضمیروں کے پرپیچ دھند لکوں میں
روحوں کے عفریت کدوں کے زہر اندوز محلکوں میں
لے آیا ہے، یوں بن پوچھے، اپنے آپ
عینک کے برفیلے شیشوں سے چھنتی نظروں کی چاپ؟
کون ہے یہ گستاخ؟
تاخ، تڑاخ!

ارے یقینِ حیات

یہ دور رفتہ تبسم جو میرے ہونٹوں پر
ترے اشارۂ ابرو سے لوٹ آیا ہے
یہ زیست کی سوغات!

سیاہیوں میں گھرے طاق و گنبد و ایواں
کی اوٹ سے یہ ابھرتی ہوئی شعاعوں کے
لپکتے بڑھتے ہات!

جو تیرے باغ کے گجرے کلائیوں میں لیے
سسکتے لمحوں کا دروازہ کھٹکھٹاتے ہیں
بڑے غرور کے سات!

یہ ایک نقشِ کفِ پا، بہ سطح ریگِ رواں
ترے حریمِ فروزاں سے ایک اور چراغ
بہ سینۂ ظلمات!

خروشِ شام و سحر میں کشید ہوتی ہوئی
شرابِ غم کا یہ اک جام جس میں اتری ہے
تجلیوں کی برات!

یہ ایک جرعۂ زہراب جس میں غلطاں ہیں
تری نگاہ کا رس، تیرے عارضوں کے گلاب
ترے لبوں کی نبات!

اسی اسی ترے پیمانۂ نشاط کے دور
یونہی یونہی ذرا کچھ اور، اے یقینِ حیات
ارے یقینِ حیات!

درسِ ایام

سیلِ زماں کے ایک تھپیڑے کی دیر تھی
تخت و کلاہ و قصر کے سب سلسلے گئے
وہ دست و پا میں گڑتی سلاخوں کے روبرو
صدہا تبسموں سے لدے طاقچے گئے
آنکھوں کو چھیدتے ہوئے نیزوں کے سامنے
محرابِ زر سے اٹھتے ہوئے قہقہے گئے
ہر سانس لیتی کھال کھچی، لاش کے لیے
شہنائیوں سے جھڑتے ہوئے زمزمے گئے
دامن تھے جن کے خون کی چھینٹوں سے گلستاں
وہ اطلس و حریر کے پیکر گئے، گئے
ہر کنجِ باغ ٹوٹے پیالوں کا ڈھیر تھی
سیلِ زماں کے ایک تھپیڑے کی دیر تھی

(۲)

سیلِ زماں کے ایک تھپیڑے کی دیر ہے
یہ ہات، جھریوں بھرے، مرجھائے ہات جو
سینوں میں اٹکے تیروں سے رِستے لہو کے جام
بھر بھر کے دے رہے ہیں تمہارے غرور کو
یہ ہات، گلبنِ غمِ ہستی کی ٹہنیاں
اے کاش! انہیں بہار کا جھونکا نصیب ہو

ممکن نہیں کہ ان کی گرفتِ تپاں سے تم

تادیر اپنی ساعدِ نازک بچا سکو

تم نے فصیلِ قصر کے رخنوں میں بھر تو لیں

ہم بے کسوں کی ہڈیاں لیکن یہ جان لو

اے وارثانِ طرۂ طرفِ کلاہ کے!

سیلِ زماں کے ایک تھپیڑے کی دیر ہے

سنہری زلفوں کے مست سائے

نہ پھر وہ ٹھنڈی ہوائیں لوٹیں
نہ پھر وہ بادل پلٹ کے آئے
نہ پھر کبھی شام کے نم آلود شعلہ زاروں پہ لڑ کھڑائے
سنہری زلفوں کے مست سائے

سنہری زلفیں، جو اڑ کے لہرا کے اک شفق گوں محل کی چھت سے
گزر چلی تھیں گزرتے جھونکوں کی سلطنت سے
جھکیں مری سمت بھی گھٹاؤں کی تمکنت سے
کنارِ دل سے حدِ افق تک، تمام بادل، گھنیرے بادل
شراب کی مستیوں کے جھونکے، گلاب کی پنکھڑیوں کے آنچل

خیال رم جھم، نگاہ جل تھل
پھر ایک اجڑے ہوئے تبسم کے ساتھ ہر سُو
تلاش میں ہے گلوں کی خوشبو
کبھی پسِ در، کبھی سر کو
مگر وہ بادل؟
مگر وہ گیسو؟

ہری بھری فصلو!

ہری بھری فصلو

جگ جگ جیو، پھلو

ہم تو ہیں دو گھڑیوں کو اس جگ میں مہمان

تم سے ہے اس دیس کی شوبھا، اس دھرتی کا مان

دیس بھی ایسا دیس کہ جس کے سینے کے ارمان

آنے والی مست رتوں کے ہونٹوں پر مسکان

جھکتے ڈنٹھل، پکتے بالے، دھوپ رچے کھلیان

ایک ایک گھروندا خوشیوں سے بھرپور جہان

شہر شہر اور بستی بستی جیون سنگ بسو!

دامن دامن، پلو پلو، جھولی جھولی ہنسو

چندن روپ سجو!

ہری بھری فصلو!

جگ جگ جیو، پھلو!

قرنوں کے بجھتے انگار، اک موجِ ہوا کا دم

صدیوں کے ماتھے کا پسینہ، پتیوں پر شبنم

دورِ زماں کے لاکھوں موڑ، اک شاخِ حسیں کا خم

زندگیوں کے تپتے جزیروں پر رکھ رکھ کے قدم

ہم تک پہنچی عظمتِ فطرت، طنطنۂ آدم

جھومتے کھیتو! ہستی کی تقدیرو! رقص کرو!

دامن دامن، پلو پلو، جھولی جھولی ہنسو!

چندن چندن روپ سجو!

ہری بھری فصلو!

جگ جگ جیو پھلو!

بہ فرشِ خاک

آنکھیں میچوں، دھیان کروں تو صورت تیری، مورت تیری
من کے ہنستے بستے دیس کے رستے رستے پر مسکائے

تیری باہیں، گلیوں راہیں، میری جانب بڑھتی آئیں
تیری اکھیاں، جیون سکھیاں، دل کے تٹ پر راس رچائیں
چاروں کھونٹ گلابی ہونٹ نگہ کو رس کے گھونٹ پلائیں

لیکن جب میں ہات بڑھاؤں، تیرا دامن ہات نہ آئے
اکثر اکثر، سوچتے سوچتے، یوں محسوس ہوا ہے مجھ کو
جیسے اک طوفان میں گھر کر، گر کر، پھول کی پتی ابھرے

لہر لہر کے ڈولتے شہر میں دھندلے دھندلے دیے لہرائیں
سکھ کی سامگری سے نگری نگری کے آنگن بھر جائیں
گجرے لہکیں، سیجیں مہکیں، گھلتی سانس کے جھونکے آئیں

لیکن جب میں تجھ کو پکاروں، دُور اک گونج کی میت گزرے
دل کے بے آواز جزیرے میں چھپ چھپ کے، چپکے چپکے

آنے والو! کیوں چھپتے ہو؟ گھونگھٹ کھولو، ہنس ہنس بولو

اب تک ہم نے سنوارے نکھارے، منزل منزل، رستے رستے

خوابوں کے مسحور خرابوں میں ارمانوں کے گلدستے

اس مٹی کے گھروندے میں بھی اک دن بیٹھ کے ہنستے ہنستے

اپنے ہات سے میری چائے کی پیالی میں چینی گھولو!

زندگی، اے زندگی

خرقہ پوش و پا بہ گِل

میں کھڑا ہوں، تیرے درپر، زندگی

ملتجی و مضمحل

خرقہ پوش و پا بہ گِل

اے جہانِ خار و خس کی روشنی

زندگی، اے زندگی

میں ترے در پر چمکتی چلمنوں کی اوٹ سے

سن رہا ہوں قہقہوں کے دھیمے دھیمے زمزمے

کھنکھناتی پیالیوں کے شور میں ڈوبے ہوئے

گرم، گہری گفتگو کے سلسلے

منتقلِ آتشِ بجاں کے متصل

اور ادھر، باہر گلی میں، خرقہ پوش و پا بہ گِل

میں کہ اک لمحے کا دل

جس کی ہر دھڑکن میں گونجے دو جہاں کی تیرگی

زندگی، اے زندگی

کتنے سائے محوِ رقص

تیرے در کے پردۂ گلفام پر

کتنے سائے، کتنے عکس

کتنے پیکر محوِ رقص

اور اک تُو کہنیاں ٹیکے خمِ ایام پر
ہونٹ رکھ کر جام پر
سن رہی ہے ناچتی صدیوں کا آہنگِ قدم
جاوداں خوشیوں کی بجتی گٹکڑی کے زیر و بم
آنچلوں کی جھم جھماہٹ، پائلوں کی چھم چھم
اس طرف، باہر، سرِ کوئے عدم
ایک طوفاں، ایک سیلِ بے اماں
ڈوبنے کو ہیں مرے شام و سحر کی کشتیاں
اے نگارِ دل ستاں
اپنی نٹ کھٹ انکھڑیوں سے میری جانب جھانک بھی
زندگی، اے زندگی!

کون دیس گیو۔۔۔۔

کون دیس گیو۔۔۔۔

نیناں

کون دیس گیو۔۔۔۔

رُت آئے، رُت جائے، مھاری عمر کٹے رو رو

کجرارے، متوارے نیناں، کون دیس گیو

دیکھتے دیکھتے اس نگری میں چاروں اور اک نور بہا

ایک گزرتی رتھ سے چھلکا امڈ کے جوبن، اہا، اہا

راہ راہ پہ پلک پلک نے سیس نوا کے کہا:

‘‘باوری لہرو

رس کے شہرو

نینو، ٹھہرو، ٹھہرو

چھین نہ لو ان ہنستے جگوں سے سکھ کا سانس اک رہا سہا’’

دھول اڑی اور پھول گرے

لمحے، خوشبوئیں، جھونکے

اُبھرے، پھیلے، گئے گئے

ایدھر دیکھیں، اودھر دیکھیں، دل کے سنگ نہ کو

کون دیس گیو

کجرارے، متوارے نیناں، کون دیس گیو

اب ان تپتے ویرانوں میں
کانٹے چن چن پور دُکھیں
جانے تم کس پھول بھوم میں جھوم جھوم ہنسو
کون دیسو گیو

کجرارے او، متوارے او، نیناں
کون دیس گیو

آٹوگراف

کھلاڑیوں کے خودنوشت دستخط کے واسطے
کتابچے لیے ہوئے
کھڑی ہیں منتظر—حسین لڑکیاں!
ڈھلکتے آنچلوں سے بے خبر، حسین لڑکیاں!

مہیب پھاٹکوں کے ڈولتے کواڑ چیخ اٹھے
ایل پڑے الجھتے بازوؤں، چختی پسلیوں کے پُر ہراس قافلے
گرے، بڑھے، مڑے بھنور ہجوم کے
کھڑی ہیں یہ بھی، راستے پہ، اک طرف
بیاضِ آرزو بہ کف
نظرِ نظر میں نارسا پرستشوں کی داستاں
لرز رہا ہے دم بہ دم
کمانِ ابرواں کا خم
کوئی جب ایک ناز بے نیاز سے
کتابچوں پہ کھینچتا چلا گیا
حروفِ کج تراش کی لکیر سی
تو تھم گئیں لبوں پہ مسکراہٹیں شریر سی
کسی عظیم شخصیت کی تمکنت
حنائی انگلیوں میں کانپتے ورق پہ جھک گئی

تو زرنگار پلووں سے جھانکتی کلائیوں کی تیز نبض رک گئی

وہ بال رایک، مہ وشوں کے جھمگھٹوں میں گِھر گیا
وہ صفحۂ بیاض پر بصد غرور کلکِ گوہریں پھری
حسین کھلکھلاہٹوں کے درمیاں وکٹ گری

میں اجنبی، میں بے نشاں
میں پا بہ گِل
نہ رفعتِ مقام ہے، نہ شہرتِ دوام ہے
یہ لوحِ دل! یہ لوحِ دم!
نہ اس پہ کوئی نقش ہے، نہ اس پہ کوئی نام ہے!

مقبرۂ جہانگیر

زنگ آلود کمر بند، صدف دوز عبا

یہ محافظ، تہِ محراب عصا تھامے ہوئے

کھانستی صدیوں کا تھوکا ہوا اک قصہ ہیں

اسی گرتی ہوئی دیوار کا اک حصہ ہیں!

کھردرے، میلے، پھٹے کپڑوں میں بوڑھے مالی

یہ چمن بند، جو گزرے ہوئے سلطانوں کی

ہڈیاں سینچ کے پھلواڑیاں مہکاتے ہیں

گھاس کٹتی ہے کہ دن ان کے کٹے جاتے ہیں

اور انہیں دیکھو، یہ جاروب کشانِ بے عقل

صبح ہوتے ہی جو چن چن کے اٹھا پھینکتے ہیں

گٹھلیاں، عشرتِ دزدیدہ کی تلچھٹ سے بھری

کہنہ زینوں میں پڑی، تیرہ دریچوں میں پڑی!

لاکھ ادوار کی لاشوں پہ بچھا کر قالین

چند لوگ اپنی ترنگوں میں مگن بیٹھے ہیں

عکس پڑتا ہے جو نظروں پہ حسیں زلفوں کا

ڈوب جاتا ہے پیالوں میں دھواں سلفوں کا

سنگِ احمر کی سلوں پر یہ سطورِ پُر نور
جن کی ہر جدولِ گل پیچ کے الجھاؤ میں
کتنے صناعوں کی صد عمرِ عزیز آویزاں
اس جگہ آج سحر خیز مریض آویزاں

موجِ صد نقش میں لپٹے ہوئے میناروں کے
دودھیا برج، درختوں کے گھنے جھنڈ میں گم
جن کے پچھوں سے نظر آتے ہیں مدفون غبار
رینگتی روحوں سے آباد گناہوں کے دیار!

گنبدِ دل میں لیے رقصِ مہ و سال کی گونج
یہ جھروکا کہ جو راوی کی طرف کھلتا ہے
اپنی تنہائی ویراں سے اماں مانگتا ہے
ہر گزرتی ہوئی گاڑی سے دھواں مانگتا ہے!

تین سو سالوں سے مبہوت کھڑے ہیں جو یہ سرو
ان کی شاخیں ہیں کہ آفاق کے شیرازے ہیں
صفِ ایام کی بکھری ہوئی ترتیبیں ہیں
ان کے سائے ہیں کہ ڈھلتی ہوئی تہذیبیں ہیں

مرمریں قبر کے باہر چمن و قصر و اطاق
کوئلیں، امریاں، جھونکے، روشیں، فوارے
اور — کچھ لوگ کہ جو محرمِ آداب نہیں!
مرمریں قبر کے اندر، تہِ ظلمات کہیں

کِرمک و مور کے جبڑوں میں سلاطیں کے بدن
کوئی دیکھے، کوئی سمجھے تو اس ایواں میں جہاں
نور ہے، حسن ہے، ترئین ہے، زیبائش ہے
ہے تو بس ایک دُکھی روح کی گنجائش ہے

تم نے دیکھا کہ نہیں آج بھی ان محلوں میں
قہقہے جشن مناتے ہوئے نادانوں کے
جب کسی ٹوٹتی محراب سے ٹکراتے ہیں
مرقدِ شاہ کے مینار لرز جاتے ہیں!

بس سٹینڈ پر

خدایا اب کے یہ کیسی بہار آئی!

خدا سے کیا گلہ، بھائی!

خدا تو خیر کس نے اس کا عکسِ نقشِ پا دیکھا
نہ دیکھا تو بھی دیکھا اور دیکھا بھی تو کیا دیکھا

مگر توبہ، مری توبہ، یہ انساں بھی تو آخر اک تماشا ہے
یہ جس نے پچھلی ٹانگوں پر کھڑا ہونا بڑے جتنوں سے سیکھا ہے

ابھی کل تک، جب اس کے ابروؤں تک موئے پیچاں تھے
ابھی کل تک، جب اس کے ہونٹ محرومِ زنخداں تھے
ردائے صدِ زماں اوڑھے، لرزتا، کانپتا، بیٹھا
ضمیرِ سنگ سے بس ایک چنگاری کا طالب تھا!

مگر اب تو یہ اونچی مُمٹیوں والے جلو خانوں میں بستا ہے
ہمارے ہی لبوں سے مسکراہٹ چھین کر اب ہم پہ ہنستا ہے

خدا اس کا، خدائی اس کی، ہر شے اس کی، ہم کیا ہیں!

چمکتی موٹروں سے اڑنے والی دھول کا ناچیز ذرہ ہیں،‘‘

’’ہماری ہی طرح جو پائمالِ سَطوتِ میری و شاہی ہیں
لکھوکھا، آبدیدہ، پاپیادہ، دل زدہ، واماندہ راہی ہیں
جنہیں نظروں سے گم ہوتے ہوئے رستوں کی غم پیما لکیروں میں
دکھائی دے رہی ہیں آنے والی منزلوں کی دھندلی تصویریں،‘‘

’’ضرور اک روز بدلے گا نظامِ قسمتِ آدم
بسے گی اک نئی دنیا، سجے گا اک نیا عالم
شبستاں میں نئی شمعیں، گلستاں میں نیا موسم،‘‘

’’وہ رُت اے ہم نفس! جانے کب آئے گی؟
وہ فصلِ دیر رس! جانے کب آئے گی؟
یہ نو نمبر کی بس!! جانے کب آئے گی؟‘‘

ایسے بھی دن

پھلواڑی میں پھول کھلے، مرجھائے
کون اب ان کی مٹی راکھ سے اپنی مانگ سجائے
آتے زمانے نئے پھول اور نئی بہاریں لائے
آتے جاتے زمانوں کی اس گونگی بھیڑ میں بہنے
آئے لاکھوں لمحے، گدلے گدلے فرغل پہنے
ایک قدم اور اس انبوہ میں کھو گئے ان کے کجمج سائے

پھول نہ گجرے، پلکیں اور نہ کجرے
بیتے سموں کے اجڑے پنگھٹ، ٹھیکریاں اور بجرے
کون اب ان کی اڑتی دھول سے من کی پیاس بجھائے
ایسی ہی کتنی صبحیں، کتنی شامیں، پیلی پیلی
جن کے نہ میٹھے ہونٹ رسیلے، جن کی نہ کڑوی دھار کٹیلی
موجیں ابھریں، موجیں ڈوبیں، رُت آئے، رُت جائے
جن کی پلک پر، جن کے افق پر آنسو ہے نہ ستارہ

چپ چپ، گم سم، تھکے تھکے، آوارہ
آہ وہ دن جو بیت گئے اور یاد نہ آئے

جاروب کش

آسمانوں کے تلے، سبز و خنک گوشوں میں
کوئی ہو گا جسے اک ساعتِ راحت مل جائے
یہ گھڑی تیرے مقدر میں ہے، نہ سہی

آسمانوں کے تلے، تلخ و سیہ راہوں پر
اتنے غم بکھرے پڑے ہیں کہ اگر تو چن لے
کوئی اک غم تری قسمّت کو بدل سکتا ہے

آسمانوں کے تلے، تلخ و سیہ راہوں پر
تو اگر دیکھے تو خوشیوں کی گریزاں سرحد
سوزِ یک غم سے شکیبِ غمِ دیگر تک ہے

زندگی قہر سہی، زہر سہی، کچھ بھی سہی
آسمانوں کے تلے، تلخ و سیہ لمحوں میں
جرعۂ سم کے لیے عِفّتِ لب لازم ہے

اور تو ہے کہ ترے جسم کا سایہ بھی نجس
تو اگر چاہے تو ان تلخ و سیہ راہوں پر
جا بجا، اتنی تڑپتی ہوئی دنیاؤں میں

اتنے غم بکھرے پڑے ہیں کہ جنہیں تیری حیات

قوتِ یک شب کے تقدس میں سمو سکتی ہے

کاش تو حیلۂ جاروب کے پر نوچ سکے!

کاش تو سوچ سکے ۔۔۔ سوچ سکے!

پیش رو

پت جھڑ کی اداس سلطنت میں
اک شاخِ برہنہ تن پہ تنہا
بے برگ مسافتوں میں حیراں
کچھ زودِ شگفت شوخ کلیاں
جو ایک سرورِ سرکشی میں
اعلانِ بہار سے بھی پہلے
انجامِ خزاں پہ ہنس پڑی ہیں
تقدیرِ چمن بنی کھڑی ہیں!
اس ذبح کدۂ یقینِ غم میں
دیکھو یہ شگفتہ دل شگوفے
ماحول نہ کائنات ان کی
اک نازِ نمو حیات ان کی
عمر ان کی بس ایک پل ہے لیکن
آئیں گے انہی کی راکھ سے، کل
ماتھے پہ حسیں تلک لگائے
پھولوں بھری صبح نو کے سائے!

ریوڑ

شام کی راکھ میں لتھڑی ہوئی ڈھلوانوں پر
ایک ریوڑ کے تھکے قدموں کا مدّھم آہنگ
جس کی ہر لہر دھندلکوں میں لڑھک جاتی ہے

مست چرواہا، چراگاہ کی اک چوٹی سے
جب اترتا ہے تو زیتون کی لانبی سونٹی
کسی جلتی ہوئی بدلی میں اٹک جاتی ہے

بکریاں، دشت کی مہکار میں گوندھا ہوا دودھ
چھاگلوں میں لیے جب رقص کناں آتی ہیں
کوئی چوڑی خمِ دوراں پہ چھنک جاتی ہے

جست بھرتی ہے کبھی اور کبھی چلتے چلتے
ناچتی ڈار مملکتے ہوئے بزغالوں کی
ہر جھکی شاخ کی چوکھٹ پہ ٹھٹک جاتی ہے

سان پر لاکھ چھری، سیخ پہ صد پارۂ گوشت
پھر بھی مدہوش غزالوں کی یہ ٹولی ہے کہ جو
بار بار اپنے خطِ رہ سے بھٹک جاتی ہے

شام کی راکھ میں لتھڑی ہوئی ڈھلوانوں پر

کھیلتی ہے غمِ ہستی کی وہ شاداں سی امنگ

جس کی رو وقت کی پہنائیوں تک جاتی ہے

رفتگاں

رات تھی اور نیم تاباں مشعلوں کی روشنی
رات تھی اور پیاسی آنکھوں، ہنستے چہروں کے ہجوم
سامنے میزوں پہ رنگا رنگ رنگ جام
پی رہے تھے ہونٹ ارمانوں کی آگ!
جب بھی تار ارغنوں سے آ کے ٹکراتی کسی وحشی تمنا کی پکار
جھن جھنا اٹھتیں دلوں کی بستیاں
اپنی پلکوں کو جھکا لیتیں چراغوں کی لویں
ناچتے جسموں کے جنگل میں بھٹکنے لگتی ارمانوں کی آگ
آہ وہ محدود آہنگوں میں لپٹے زمزمے
جیسے طوفاں میں گھری کشتی سے کوئی ساحلِ گم گشتہ کو آواز دے!
آہ وہ مجروح سینوں سے ابلتے قہقہے
جیسے انگاروں بھرے جھکڑ میں کوئی بے اماں راہی پکارے
منزلِ روپوش کو!
ہائے وہ مدہوش لوگ
مست پنچھی، جن کے جلتے پنکھ ان کی آتشِ دل کو ہوا دیتے گئے
کس گپھا میں کھو گئے؟
کیا انہیں سکھ کی کہیں بھی وہ کرن حاصل ہوئی
وہ کرن جو رات بھر ان نیم تاباں مشعلوں کے روپ میں ہنستی رہی
وہ کرن جو ان کی دنیا میں چمک کر ان کے دل میں بجھ گئی!

ساجن دیس کو جانا

او طنبور بجاتے راہی، گاتے راہی

جاتے راہی

ساجن دیس کو جانا

منڈلی منڈلی چوکھٹ چوکھٹ

جھاجھن، جھاجھن، ڈگ تٹ، ڈگ تٹ

من کی تان اڑانا

لیکن میرے دکھوں کے سانجھی، میرے درد نہ گانا

او طنبور بجاتے راہی، گاتے راہی

جاتے راہی

ساجن دیس کو جانا

سوچ بھرے مکھ، زہر پیے من

ان کی آس بندھانا

جھنن جھنن جھن، چھنن چھنن چھن

گیت ملن کے گانا

گلی گلی میں ساون رُت کی مست پون بن جانا

او طنبور بجاتے راہی، گاتے راہی

جاتے راہی

ساجن دیس کو جانا

پلک پلک پہ مچل سکتا ہے

آنسو بن کے زمانہ

اک دھڑکن میں ڈھل سکتا ہے

جیون کا افسانہ

ان آنکھوں کو ان ہونٹوں کو سمجھانا، سمجھانا

برہنہ

فرنگی جریدوں کے اوراقِ رنگیں
پہ ہنستی، لچکتی، دھڑکتی لکیریں
کٹیلے بدن، تیغ کی دھار جیسے!
لہو رس میں گوندھے ہوئے جسم، ریشم کے انبار جیسے!
نگہ جن پہ پھسلے، وہ شانے وہ بانہیں
مدوّر اٹھانیں، منور ڈھلانیں
ہر اک نقش میں زیست کی تازگی ہے
ہر اک رنگ سے کھولتی آرزوؤں کی آنچ آ رہی ہے!
خطوطِ برہنہ کے ان آئنوں میں
حسیں پیکروں کے یہ شفاف خاکے
کہ جن کے سجل روپ میں کھیلتی ہیں
وہ خوشیاں جو صدیوں سے بوجھل کے اوجھل رہی ہیں!
انہیں پھونک دے گی یہ بے مہر دنیا
فرنگی جریدوں کے اوراقِ رنگیں
کو اک بار حسرت سے تک لو
پھر ان کو حفاظت سے اپنے دلوں کے مقفل درازوں میں رکھ لو!

سفینهٔ غزل

غزل

جنونِ عشق کی رسم عجیب، کیا کہنا
میں ان سے دُور، وہ میرے قریب، کیا کہنا

یہ تیرگی مسلسل میں ایک وقفۂ نور
یہ زندگی کا طلسم عجیب، کیا کہنا

جو تم ہو برقِ نشیمن، تو میں نشیمنِ برق
الجھ پڑے ہیں ہمارے نصیب، کیا کہنا

ہجومِ رنگِ فراواں سہی مگر پھر بھی
بہار، نوحۂ صد عندلیب، کیا کہنا

ہزار قافلۂ زندگی کی تیرہ شبی
یہ روشنی سی افق کے قریب، کیا کہنا

لرز گئی تری لو میرے ڈگمگانے سے
چراغِ گوشۂ کوئے حبیب، کیا کہنا

غزل

کیا روپ دوستی کا؟ کیا رنگ دشمنی کا؟
کوئی نہیں جہاں میں کوئی نہیں کسی کا

اک تنکا آشیانہ، اک راگنی اثاثہ
اک موسمِ بہاراں، مہمان دو گھڑی کا

آخر کوئی کنارا اس سیلِ بے کراں کا؟
آخر کوئی مداوا اس دردِ زندگی کا؟

میری سیہ شبی نے اک عمر آرزو کی
لرزے کبھی افق پر تاگا سا روشنی کا

شاید ادھر سے گزرے پھر بھی ترا سفینہ
بیٹھا ہوا ہوں ساحل پر نئے بلب کبھی کا

اس التفات پر ہوں لاکھ التفات قرباں
مجھ سے کبھی نہ پھیرا رخ تو نے بے رخی کا

اب میری زندگی میں آنسو ہیں اور نہ آہیں
لیکن یہ ایک میٹھا میٹھا سا روگ جی کا

او مسکراتے تارو! او کھلکھلاتے پھولو!
کوئی علاج میری آشفتہ خاطری کا

غزل

کس کی گھات میں گم سم ہو، خوابوں کے شکاری جاگو بھی
اب آکاش سے پورب کا چرواہا ریوڑ ہانک چکا

میں جو تیری راگ سبھا میں راس رچانے آیا تھا
دل کی چھنکتی جھانجن تیری پازیبوں میں ٹانک چکا

بوجھل پردے، بند جھروکا، ہر سایہ ۔۔ رنگیں دھوکا
میں اک مست ہوا کا جھونکا، دوارے دوارے جھانک چکا

اجڑی یادوں کے شہرِ خاموشاں میں کیا ڈھونڈتے ہو
اب وہ زمانہ وقت کی میلی چادر میں منہ ڈھانک چکا

کس کو خبر، اے شمع تری اس ڈولتی لو میں پروانہ
کتنے بگولے پھونک چکا اور کتنے الاؤ پھانک چکا

غزل

فروری، ۱۹۵۰

میں تڑپا کیا اور گیسوئے ناز
سنورتے گئے، دن گزرتے گئے

میں روتا رہا اور بہاروں کے رنگ
نکھرتے گئے، دن گزرتے گئے

مری زیست پر ان کے جلووں کے نقش
ابھرتے گئے، دن گزرتے گئے

گلستاں کے دامن میں کھِل کھِل کے پھول
بکھرتے گئے، دن گزرتے گئے

میں ان کے تصور میں کھویا رہا
گزرتے گئے، دن گزرتے گئے

چھلکتے ہوئے جام میں ماہ و سال
اترتے گئے، دن گزرتے گئے

غزل

کوئی بھی دَور سرِ محفل زمانہ رہا
تمہارا ذکر رہا یا مرا فسانہ رہا

مرے نشانِ قدم دشتِ غم پہ ثبت رہے
ابد کی لوح پہ تقدیر کا لکھا نہ رہا

وہ کوئی کنج سمن پوش تھا کہ تودۂ خس
اک آشیانہ بہرحال آشیانہ رہا

تم اک جزیرۂ دل میں سمٹ کے بیٹھ رہے
مری نگاہ میں طوفانِ صد زمانہ رہا

طلوعِ صبح کہاں، ہم طلوع ہوتے گئے
ہمارا قافلۂ بے درا روانہ رہا

یہ پیچ پیچ بھنور، اس کی اک گرہ تو کھلی
کوئی تڑپتا سفینہ رہا رہا نہ رہا

نہ شاخِ گل پہ نشیمن نہ رازِ گل کی خبر
وہ کیا رہا جو جہاں میں قلندرانہ رہا

غزل

دل نے ایک ایک دکھ سہا تنہا
انجمن انجمن رہا تنہا

ڈھلتے سایوں میں تیرے کوچے سے
کوئی گزرا ہے بارہا تنہا

تیری آہٹ قدم قدم اور میں
اس معیت میں بھی رہا تنہا

کہنہ یادوں کے برف زاروں سے
ایک آنسو بہا، بہا تنہا

ڈوبتے ساحلوں کے موڑ پہ دل
اک کھنڈر سا رہا سہا، تنہا

گونجتا رہ گیا خلاؤں میں
وقت کا ایک قہقہہ تنہا

غزل

ایک ایک جھروکا خندہ بہ لب، ایک ایک گلی کہرام
ہم لب سے لگا کر جام، ہوئے بدنام، بڑے بدنام

رُت بدلی کہ صدیاں لوٹ آئیں، اف یاد، کسی کی یاد
پھر سیلِ زماں میں تیر گیا اک نام، کسی کا نام

دل ہے کہ اک اجنبی حیراں، تم ہو کہ پرایا دیس
نظروں کی کہانی بن نہ سکیں ہونٹوں پہ رکے پیغام

روندیں تو یہ کلیاں نیشِ بلا، چومیں تو یہ شعلے پھول
یہ غم یہ کسی کی دین بھی ہے، انعام، عجب انعام

اے تیرگیوں کی گھومتی رو، کوئی تو رسیلی صبح
اے روشنیوں کی ڈولتی لو، اک شام، نشیلی شام

رہ رہ کے جیالے راہیوں کو دیتا ہے یہ کون آواز
کونین کی ہنستی منڈیروں پر، تم ہو کہ غمِ ایام

بے برگِ شجر گردوں کی طرف پھیلائیں ہمکتے ہات
پھولوں سے بھری ڈھلوان پہ سوکھے پات کریں بسرام

ہم فکر میں ہیں اس عالم کا دستور ہے کیا دستور
یہ کس کو خبر اس فکر کا ہے دستورِ دو عالم نام

غزل

کیا سوچتے ہو اب پھولوں کی رُت بیت گئی، رُت بیت گئی
وہ رات گئی، وہ بات گئی، وہ رِیت گئی، رُت بیت گئی

اک لہر اٹھی اور ڈوب گئے ہونٹوں کے کنول، آنکھوں کے دیے
اک گونجتی آندھی وقت کی بازی جیت گئی، رُت بیت گئی

تم آ گئے میری باہوں میں، کونین کی پینگیں جھول گئیں
تم بھول گئے، جینے کی جگت سے رِیت گئی، رُت بیت گئی

پھر تیر کے میرے اشکوں میں گل پوش زمانے لوٹ چلے
پھر چھیڑ کے دل میں ٹیسوں کے سنگیت گئی، رُت بیت گئی

اک دھیان کے پاؤں ڈول گئے، اک سوچ نے بڑھ کر تھام لیا
اک آس ہنسی، اک یاد سنا کر گیت گئی، رُت بیت گئی

یہ لالہ و گل، کیا پوچھتے ہو، سب لطفِ نظر کا قصہ ہے
رُت بیت گئی، جب دل سے کسی کی پیت گئی، رُت بیت گئی

غزل

اس اپنی کرن کو آتی ہوئی صبحوں کے حوالے کرنا ہے
کانٹوں سے الجھ کر جینا ہے، پھولوں سے لپٹ کر مرنا ہے

شاید وہ زمانہ لوٹ آئے، شاید وہ پلٹ کر دیکھ بھی لیں
ان اجڑی اجڑی نظروں میں پھر کوئی فسانہ بھرنا ہے

یہ سوزِ دروں، یہ اشکِ رواں، یہ کاوشِ ہستی کیا کہیے
مرتے ہیں کہ کچھ دن جی لیں ہم، جیتے ہیں کہ آخر مرنا ہے

اک شہرِ وفا کے بند درِیچے آنکھیں میچے سوچتے ہیں
کب قافلہ ہائے خندۂ گل کو ان راہوں سے گزرنا ہے

اس نیلی دھند میں کتنے بجھتے زمانے راکھ بکھیر گئے
اک پل کی پلک پر دنیا ہے، کیا جینا ہے کیا مرنا ہے

رستوں پہ اندھیرے پھیل گئے، اک منزلِ غم تک شام ہوئی
اے ہمسفرو! کیا فیصلہ ہے؟ اب چلنا ہے کہ ٹھہرنا ہے؟

ہر حال میں اک شوریدگیِ افسونِ تمنا باقی ہے
خوابوں کے بھنور میں بہہ کر بھی خوابوں کے گھاٹ اترنا ہے

غزل

مہکتے، میٹھے، مستانے زمانے
کب آئیں گے وہ من مانے زمانے

جو میرے کنجِ دل میں گونجتے ہیں
نہیں دیکھے وہ دنیا نے زمانے

تری پلکوں کی جنبش سے جو ٹپکا
اسی اک پل کے افسانے زمانے

تری سانسوں کی سوغاتیں بہاریں
تری نظروں کے نذرانے زمانے

کبھی تو میری دنیا سے بھی گزرو
لیے آنکھوں میں انجانے زمانے

انہی کی زندگی جو چل پڑے ہیں
تری موجوں سے ٹکرانے، زمانے!

میں فکرِ رازِ ہستی کا پرستار
مری تسبیح کے دانے زمانے

غزل

تری فرقِ ناز پہ تاج ہے، مرے دوشِ غم پہ گلیم ہے
تری داستاں بھی عظیم ہے، مری داستاں بھی عظیم ہے

مری کتنی سوچتی صبحوں کو یہ خیال زہر پلا گیا
کسی تپتے لمحے کی آہ ہے کہ خرامِ موجِ نسیم ہے

تہِ خاک کرمکِ دانہ جو بھی شریکِ رقصِ حیات ہے
نہ بس ایک جلوۂ طور ہے، نہ بس ایک شوقِ کلیم ہے

یہ ہر ایک سمت مسافتوں میں گندھی پڑی ہیں جو ساعتیں
تری زندگی، مری زندگی، انہی موسموں کی شمیم ہے

کہیں محملوں کا غبار اڑے، کہیں منزلوں کے دیے جلیں
خمِ آسماں، رہِ کارواں! نہ مقام ہے، نہ مقیم ہے

حرم اور دیر فسانہ ہے، یہی جلتی سانس زمانہ ہے
یہی گوشۂ دلِ ناصبور ہی کنجِ باغِ نعیم ہے

غزل

کب تک گزری باتیں یاد کریں، پچھتائیں
آؤ، آج ان مست ہواؤں میں بہہ جائیں

ٹوٹے پیمانوں کی ٹھیکریوں کے سفینے
بیٹھے سمے یادوں کی رو میں بہتے جائیں

کس کو بتائیں اب یہ جو الجھن آن پڑی ہے
جب تک تم کو بھول نہ پائیں، یاد نہ آئیں

اکثر اکثر دوری سمٹی، رستے پھیلے
منزل! تیرا قربِ گریزاں، کیا بتلائیں

ان سنگین حصاروں میں دل کا یہ جھروکا
گونجیں جس میں ٹھٹکتے قدموں کی پرچھائیں

غزل

یہ کیا عجیب راز ہے، سمجھ سکوں تو بات ہے
نہ اب وہ ان کی بے رخی نہ اب وہ التفات ہے

مری تباہیوں کا بھی فسانہ کیا فسانہ ہے
نہ بجلیوں کا تذکرہ نہ آشیاں کی بات ہے

یہ کیا سکوں ہے! اس سکوں میں کتنے اضطراب ہیں!
یہ کس کا میرے سینے پر خنک خنک سا ہات ہے

نگاہ میں بسا بسا، نگاہ سے بچا بچا
رکا رکا، کھچا کھچا، یہ کون میرے سات ہے؟

چراغ بجھ چکے، پتنگے جل چکے، سحر ہوئی
مگر ابھی مری جدائیوں کی رات رات ہے

غزل

دل سے ہر گزری بات گزری ہے
کس قیامت کی رات گزری ہے

چاندنی، نیم وا دریچہ، شکوت
آنکھوں آنکھوں میں رات گزری ہے

ہائے وہ لوگ، خوبصورت لوگ
جن کی دھن میں حیات گزری ہے

کسی بھٹکے ہوئے خیال کی موج
کتنی یادوں کے سات گزری ہے

تمتماتا ہے چہرۂ ایام
دل پہ کیا کیا واردات گزری ہے

پھر کوئی آس لڑکھڑائی ہے
کہ نسیم حیات گزری ہے

بجھتے جاتے ہیں دکھتی پلکوں پہ دیپ
نیند آئی ہے، رات گزری ہے

غزل

اپریل، ۱۹۵۰

عزمِ نظر نہیں، ہوسِ جستجو نہیں
کوئی بھی اب شریکِ غمِ آرزو نہیں

ہے اس چمن میں نالۂ صد عندلیب بھی
صرف ایک شورِ قافلۂ رنگ و بو نہیں

میرے نصیبِ شوق میں لکھا تھا یہ مقام
ہر سو ترے خیال کی دنیا ہے، تو نہیں

ہنستا ہوں پی کے ساغرِ زہرابِ زندگی
میں کیا کروں کہ مجھ کو تڑپنے کی خو نہیں

غزل

روش روش پہ ہیں نکہت فشاں گلاب کے پھول
حسیں گلاب کے پھول، ارغواں گلاب کے پھول

افق افق پہ زمانوں کی دھند سے ابھرے
طیور، نغمے، ندی، تتلیاں، گلاب کے پھول

کس انہماک سے بیٹھی کشید کرتی ہے
عروسِ گل بہ قبائے جہاں، گلاب کے پھول

جہانِ گریۂ شبنم سے، کس غرور کے سات
گزر رہے ہیں، تبسم کناں، گلاب کے پھول

یہ میرا دامنِ صد چاک، یہ ردائے بہار
یہاں شراب کے چھینٹے، وہاں گلاب کے پھول

کسی کا پھول سا چہرہ اور اس پہ رنگ افروز
گندھے ہوئے بہ خم گیسواں، گلاب کے پھول

خیالِ یار، ترے سلسلے نشوں کی رتیں
جمالِ یار، تری جھلکیاں گلاب کے پھول

مری نگاہ میں دَورِ زماں کی ہر کروٹ
لہو کی لہر، دلوں کا دھواں، گلاب کے پھول

سلگتے جاتے ہیں، چپ چاپ، ہنستے جاتے ہیں
مثالِ چہرۂ پیغمبراں، گلاب کے پھول

یہ کیا طلسم ہے، یہ کس کی یاسمیں باہیں
چھڑک گئی ہیں جہاں در جہاں گلاب کے پھول

کٹی ہے عمرِ بہاروں کے سوگ میں امجدؔ
مری لحد پہ کھِلیں جاوداں گلاب کے پھول

غزل سرا ڈاٹ آرگ (امریکہ) کی کتب

غزل سرا ڈاٹ آرگ اردو کتب کا واحد پبلشنگ ہاؤس ہے جس کی کتب تمام بین الاقوامی سٹورز پر موجود ہیں، اپنی کتاب چھپوانے کے لیے ہم سے نیچے دیئے گئے ای میل پر رابطہ فرمائیں

ghazalsara.org@outlook.com

ٹائٹل		مصنف	فارمیٹ	آئی ایس بی این
کلیاتِ علامہ اقبال	علامہ اقبال کا اردو کلام	علامہ محمد اقبال	ہارڈ کور	9781957756066
			پیپر بیک	9781957756080
کلّیاتِ غزل ۔ مرزا غالب	مرزا غالب کی تمام غزلیں	مرزا اسداللہ خان غالب	ای بک	9781957756196
کلیاتِ میر تقی میر ۔ 1/2	کلیات میر بار دیف ۔ الف تا نون	میر تقی میر	ہارڈ کور	9781957756813
			پیپر بیک	9781957756820
کلیاتِ میر تقی میر ۔ 2/2	کلیات میر بار دیف ۔ ن تا ے	میر تقی میر	ہارڈ کور	9781957756837
			پیپر بیک	9781957756844
کلیاتِ میر تقی میر	میر کے تمام چھ دیوان	میر تقی میر	ای بک	9781957756172
آفت کی ضیافت	بچوں کی نظم ۔ ہندی ایڈیشن	یاور ماجد	ہارڈ کور	9781957756479
			پیپر بیک	9781957756998
آفت کی ضیافت	بچوں کی نظم ۔ اردو ایڈیشن	یاور ماجد	ہارڈ کور	9781957756097
			پیپر بیک	9781957756103
آنکھ بھر آسمان	شعری مجموعہ	یاور ماجد	ہارڈ کور	9781957756110
			پیپر بیک	9781957756059
			ای بک	9781957756035

آئی ایس بی این	فارمیٹ	مصنف		ٹائٹل
9781957756486	پیپر بیک			
9781957756578	ای بک	سعادت حسن منٹو	کلیاتِ منٹو 1/9	ایک زاہدہ ایک فاحشہ
9781957756714	ہارڈ کور			
9781957756493	پیپر بیک			
9781957756585	ای بک	سعادت حسن منٹو	کلیاتِ منٹو 2/9	بلاؤز
9781957756721	ہارڈ کور			
9781957756509	پیپر بیک			
9781957756592	ای بک	سعادت حسن منٹو	کلیاتِ منٹو 3/9	ٹھنڈا گوشت
9781957756738	ہارڈ کور			
9781957756516	پیپر بیک			
9781957756608	ای بک	سعادت حسن منٹو	کلیاتِ منٹو 4/9	دھواں
9781957756790	ہارڈ کور			
9781957756523	پیپر بیک			
9781957756615	ای بک	سعادت حسن منٹو	کلیاتِ منٹو 5/9	سودا بیچنے والی
9781957756745	ہارڈ کور			
9781957756530	پیپر بیک			
9781957756622	ای بک	سعادت حسن منٹو	کلیاتِ منٹو 6/9	شہید ساز
9781957756660	ہارڈ کور			
9781957756462	ہارڈ کور			
9781957756547	پیپر بیک	سعادت حسن منٹو	کلیاتِ منٹو 7/9	کھول دو
9781957756639	ای بک			
9781957756554	پیپر بیک			
9781957756646	ای بک	سعادت حسن منٹو	کلیاتِ منٹو 8/9	موذیل
9781957756776	ہارڈ کور			

ٹائٹل		مصنف	فارمیٹ	آئی ایس بی این
ہتک	کلیاتِ منٹو 9/9	سعادت حسن منٹو	پیپر بیک	9781957756561
			ای بک	9781957756653
			ہارڈ کور	9781957756783
منٹو کے حاشیے	منٹو کے منتخب افسانے	سعادت حسن منٹو	ہارڈ کور	9781957756004
			ای بک	9781957756011
			پیپر بیک	9781957756042
پہلا پتھر	اردو افسانے	بلونت سنگھ	پیپر بیک	9781957756295
تارو پود	اردو افسانے	بلونت سنگھ	پیپر بیک	9781957756318
ایران میں اجنبی	اردو نظمیں	ن م راشد	ای بک	9781957756400
لا=انسان	اردو نظمیں	ن م راشد	ای بک	9781957756417
ماورا	اردو نظمیں	ن م راشد	ای بک	9781957756387
بانگِ درا	علامہ اقبال کی شاعری	ڈاکٹر علامہ محمد اقبال	ای بک	9781957756325
بالِ جبریل	علامہ اقبال کی شاعری	ڈاکٹر علامہ محمد اقبال	ای بک	9781957756332
ارمغانِ حجاز	علامہ اقبال کی شاعری	ڈاکٹر علامہ محمد اقبال	ای بک	9781957756356
ضربِ کلیم	علامہ اقبال کی شاعری	ڈاکٹر علامہ محمد اقبال	ای بک	9781957756349
شبِ رفتہ	مجید امجد کا پہلا شعری مجموعہ	مجید امجد	پیپر بیک	9781957756851
			ہارڈ کور	9781957756875

غزل سرا ڈاٹ آرگ کی تمام کتب ایمازون، بارنز اینڈ نوبل اور دوسری تمام مشہور آن لائن شاپس کے علاوہ، ایپل بکس، گوگل پلے بکس، ایمازون کنڈل اور ڈرافٹ ٹو ڈیجیٹل کے پلیٹ فارمز پر ہر اُس ملک میں موجود ہیں جہاں ان کمپنیوں کے سٹورز ہیں۔ ہماری کتب خریدنے کے لیے نیچے دیئے گئے کیو آر کوڈ کو فون کیمرے سے سکین کریں یا نیچے دیئے گئے لنک کو اپنے کمپیوٹر یا فون کے براؤزر (کروم یا ایج) میں ٹائپ کریں۔ایمازون یا کسی بھی سٹور کی سائٹ پر کتاب خریدنے کے لیے اس کتاب کا آئی ایس بی این ٹائپ کریں اور سرچ کا بٹن دبائیں۔

https://ghazalsara.org/shop